U0100438

大展好書　好書大展
品嘗好書　冠群可期

大展好書　好書大展
品嘗好書・冠群可期

實用武術技擊 21

詠春拳秘傳狠招集粹

魏峰 編著

大展出版社有限公司

　　不知不覺間這個詠春拳系列叢書已經出版了 4
本，這當然首先得感謝廣大讀者朋友們與詠春拳愛好
者們的厚愛，正是你們的全力支援才給了我巨大的動
力與無比的鼓勵，使我能克服了種種阻力與困難而一
直寫下來，將我所知道的知識與技能毫無保留地奉獻
給大家，與大家一起去探討與研究。

　　前面的幾本書已經詳盡地講解了詠春拳中的幾套
極為重要的拳法以及其用法，更於第四本書中專門講
解了詠春拳的幾種重要的功力訓練方法，因為「練武
不練功，到老一場空」。正是有了堅實的功力做底
蘊，才可以進一步鞏固與提升以前所學的內容，以及
更自如的運用接下來在本書中所講解的詠春拳更高層
次的格鬥技術，也就是說幾本書的內容是相輔相成和
相互銜接的。

　　本書主要講解詠春拳中的幾種核心的實戰技術，
如：拳腿配合實戰技術、對付泰拳的實戰技術、街頭
防衛技術、六點半棍法的基礎訓練等，共 4 大技術板
塊。相信對此類技術的熟練掌握將會在很大程度上提
升你的格鬥實力與整體的搏擊水準。

　　當然對於本書的寫作，筆者仍秉承詳細、詳盡和

言無不盡的風格，使你能切實地掌握一些相對重要的技術體系，從而共同為繼承與發揚中國傳統文化和傳統武術作出我們應有的努力。

　　由於筆者的經驗尚淺，加之時間倉促，因此，書中不妥之處還望諸位專家及前輩們多加指教，權且算是拋磚引玉。因為只有百花齊放，共同攜手，才能造就中華武術應有的繁榮和昌盛。詠春拳是屬於全中國的，也是屬於全世界的，更是屬於全人類的共有財產。過往，詠春拳已成為溝通各民族與各個國家的重要媒介；將來，詠春拳更會成為人們增強自信，戰勝自我，克服困難，團結和諧，達到人生成功頂峰的重要途徑。

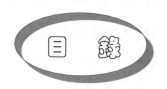

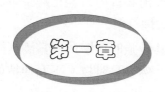

詠春拳克制泰拳的實用招術解析

當今世界上最為強悍的拳術，非泰拳莫屬，這是一種以鋼硬而著稱的攻擊性拳術，數百年來難以找到真正的對手。而中國武術雖然博大精深，但如果真的與泰拳對抗，能夠穩操勝券的拳術並不多，而在眾多拳術流派中，效果較佳的當屬詠春拳這種高度技巧性的實戰型拳術。換言之，詠春拳這種高度科學性的拳術，恰恰能「以柔克剛」或「以技巧勝剛強」。

雖然詠春拳也未必能真正戰勝泰拳，但是，詠春拳實用而巧妙的攻防技術必會巧妙地化解泰拳之強猛攻勢，進而給予敵方以有效地打擊。

在泰拳中，其最強的攻擊武器當屬其鋼鐵般堅硬的腿技，其次是膝技，然後是肘技。下面便按如何應對敵方的「腿——膝——肘」的順序來詳細講解。

第一節　防範與破解泰拳腿法
經典動作解析

一、外攔腿破解敵方橫踢腿

橫踢腿是泰拳中的中堅攻擊武器，基本上占了泰拳所有攻擊武器的百分之七十以上。在泰拳中，不精於其橫踢腿者不能算是真正掌握了泰拳。同樣的道理，如果不能很好地防範與對抗泰拳的橫踢腿，那麼就無法戰勝泰拳。

(一)左側動作示範

在對抗泰拳的橫踢腿之前，我們還必須先瞭解其攻擊

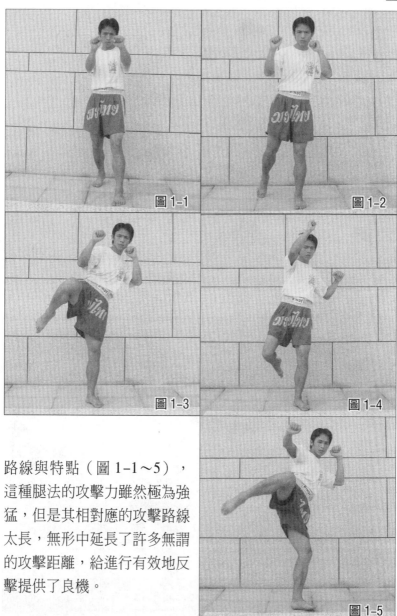

路線與特點（圖 1-1～5），
這種腿法的攻擊力雖然極為強
猛，但是其相對應的攻擊路線
太長，無形中延長了許多無謂
的攻擊距離，給進行有效地反
擊提供了良機。

圖1-6

圖1-7

圖1-8

圖1-9

【實戰動作要領】

我（左、著長褲者）由正身馬開始（圖1-6）；

敵方先用其右橫踢腿向我中盤攻來（圖1-7）；

我則靜觀其變，並捕捉有效戰機（圖1-8）；

我立即抬左腳準備進行外攔截擊（圖1-9）；

我左腳準確的踢中了敵方的右小腿或膝關節之正面（圖 1-10）；

圖 1-10

我的突然打擊力必會破壞敵方的用力與攻擊方向（圖 3-11）；

並可由此挫傷敵方的攻擊之腿（圖 1-12）。

圖 1-11

（圖 1-13～17）為我用左腳快速攔擊敵方右腿攻擊時的另一個角度示範。我的動作須快捷、準確、短脆與強勁。

圖 1-12

圖 1-13

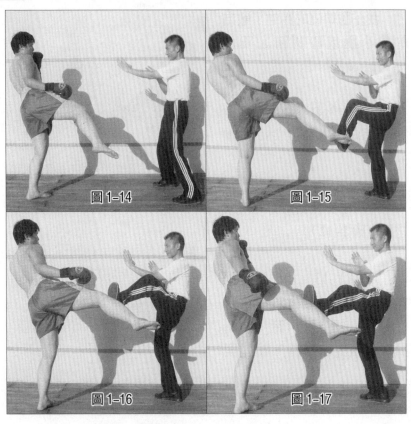

圖1-14　　圖1-15

圖1-16　　圖1-17

【單人動作練習】

　　由於詠春拳對動作的細節要求極高，因此，我們必須先精熟於基本的踢擊技術才能進一步運用自如。

　　我由正身馬開始（圖1-18）；

　　先將左腳抬起（圖1-19）；

　　我將左腳抬起的同時，手保持不動（圖1-20）；

　　我左腳須由「中線」快速攻出（圖1-21）；

　　我將左腳外轉踢出（圖1-22）；

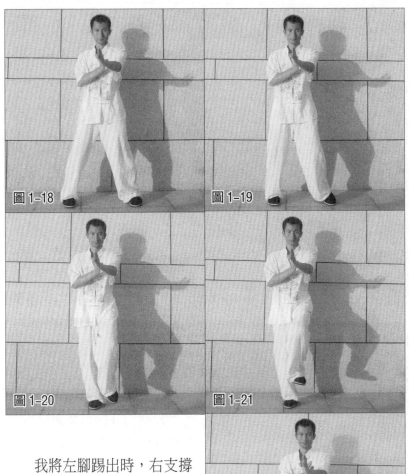

圖 1-18

圖 1-19

圖 1-20

圖 1-21

圖 1-22

　　我將左腳踢出時，右支撐腳須穩固（圖 1-23）；

　　我左腳踢出時，上肢須保持良好的防護（圖 1-24）；

　　我左腳的踢擊發力須短脆、迅猛（圖 1-25）；

圖 1-23

圖 1-24

圖 1-25

圖 1-26

　　我左腳發力踢擊時，須呼氣進行配合（圖 1-26）。

　　（圖 1-27～1-32）是我用左腳進行外攔踢擊時的另一個角度示範，記住，須快踢快收。

【技術要點】

　　1. 我的外攔踢擊要快，但動作幅度不要過大，以免養成不良習慣。

　　2. 我踢擊時發力要短脆，要用瞬間的爆發力去果斷踢擊。

　　3. 我踢擊時，下肢一定要穩固；同時上肢須保持良好的防護。

圖 1-27

圖 1-28

圖 1-29

圖 1-30

圖 1-31

圖 1-32

圖 1-33

(二)右側動作示範

在進入正式的反擊動作訓練之前，須先瞭解敵方的左腿橫踢的攻擊路線與動作特點（圖 1-33～37），做到知己知彼。

圖 1-34

圖 1-35

圖 1-36

圖 1-37

圖1-38

【實戰動作要領】

　我由正身馬開始（圖1-38）；

　敵方先用其左腿向我橫掃攻來（圖1-39）；

　我則靜觀其變，並捕捉最佳戰機（圖1-40）；

　我立即抬右腳進行外攔截擊（圖1-41）；

圖1-39

圖1-40

圖1-41

圖1-42

圖1-43

我的右腳準確的踢中了敵方左小腿之正面（圖1-42）；

我的突然打擊力必定會破壞敵方的用力與攻擊方向，並可由此嚴重挫傷敵方的攻擊之腿（圖3-43）。

（圖1-44～48）為我用右腳快速攔擊敵方的左腿攻擊時的另一個角度示範。我的動作仍須快捷、短脆與強勁。

圖1-44

圖1-45

圖 1-46　　　　　　圖 1-47

圖 1-48　　　　　　圖 1-49

【單人動作練習】

　我由正身馬開始（圖1-49）；

　先將右腳抬起（圖1-50）；

圖 1-50

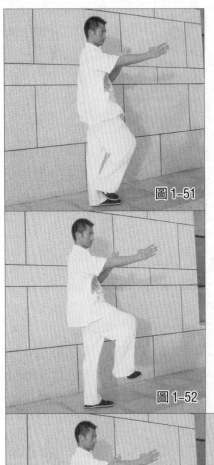

圖 1-51

　　我將右腳快速抬起時，上肢須保持不動（圖 1-51）；

　　我右腳須由「中線」快速踢出（圖 1-52）；

圖 1-52

　　我右腳開始外轉踢擊（圖 1-53）；

　　我右腳踢出時，左腳須穩固（圖 1-54）；

圖 1-53

圖 1-54

我右腳踢出時，須呼氣進行配合（圖1-55）；

我右腳的踢擊發力須短脆、強猛（圖1-56）。

（圖1-57～63）是我用右腳外攔踢擊時的另一個角度示範，記住，踢擊動作須短快與準確。

圖1-55

圖1-56

圖1-57

圖1-58

圖1-59

圖 1-60　　　　　圖 1-61

圖 1-62　　　　　圖 1-63

【技術要點】

1. 我的外攔踢擊要快捷，但動作幅度不要過大。

2. 我的攔踢動作發力要短脆，要用瞬間的爆發力去準確的踢擊。

3. 我踢擊時，下肢要穩固；並須同時呼氣進行配合。

4. 我須快踢收，動作要流暢。

二、正蹬腿破解敵方橫踢腿

橫踢腿是泰拳中的主要攻擊武器，是泰拳手的致勝法寶，所以必須認真對待。其中「以直破橫」的方法就是一種極好的應對策略（圖 1-64），即以我的直線腿法去破解敵方的弧線腿法（圖 1-64-1）。由於我佔有距離上優勢，所以能做到後發先至。

(一) 左側動作示範

在對抗泰拳的橫踢腿之前，我們必須先瞭解其攻擊路線與特點（圖 1-65～68），這種腿法的攻擊力雖然極強，但是在攻出時運行的路線太長，從而留給了我進行有效反擊的良機。

圖 1-64

圖 1-64-1

圖 1-65

圖 1-66

圖 1-67

圖 1-68

【實戰動作要領】

我由正身馬開始（圖 1-69）；

敵方先用其右腿向我攻來（圖 1-70）；

我則須捕捉有效的戰機（圖 1-71）；

我立即抬左腳準備向前方進行直線迎擊（圖 1-72）；

我的直線踢擊須快捷（圖 1-73）；

我的左腳準確地踢中了敵方的身體正面要害處，我的突然打擊動作必會使敵方向後失去重心（圖 1-74）

（圖 1-75～81）為我用左腳進行快速迎擊時的另一個

圖 1-69

圖 1-70

圖 1-71

圖 1-72

圖 1-73

圖 1-74

圖 1-75

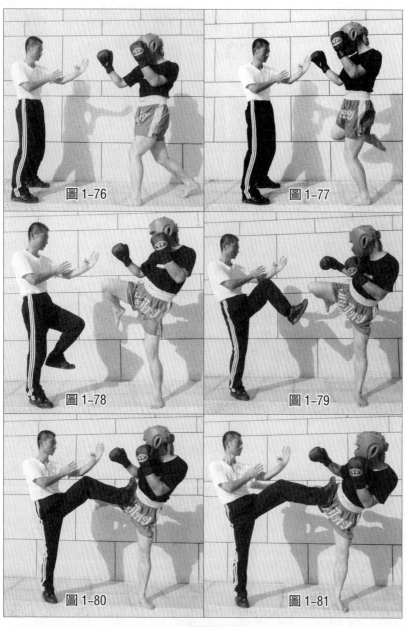

圖 1-76

圖 1-77

圖 1-78

圖 1-79

圖 1-80

圖 1-81

角度示範。我的直線踢擊動作
仍須快捷、流暢與強勁。

【單人動作練習】

　　由於詠春拳的動作極為嚴
謹，因此對動作的細節要求很
高，需要我們必須先精熟於基
本的踢擊技術，然後才能再進
一步進行更高層次的練習。

　　我由正身馬開始，目視前
方（圖1-82）；

　　我先將左腳向前方抬起
（圖1-83）；

　　我將左腳抬起時，上肢須
保持不動（圖1-84）；

　　我左腳須由「中線」向前
方快速攻出（圖1-85）；

　　我的左腳必須是沿直線向
前方果斷地踢出（圖1-86）；

　　我左腳向前方踢出時，右
腳須穩固（圖1-87）；

　　我左腳踢出的瞬間，上肢
保持良好的防護（圖1-88）；

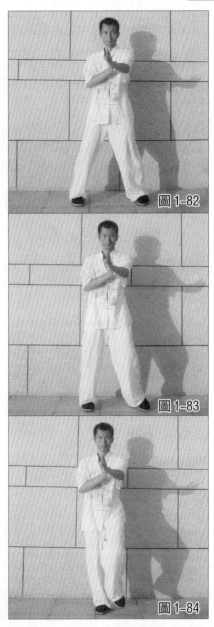

圖1-82

圖1-83

圖1-84

圖1-85

圖1-86

圖1-87

　　我的左腳在踢擊時發力
須短脆，並須與呼氣配合
（圖1-89）。

　　（圖1-90～95）是我左
腳向前方快速踢出時的另一
個角度示範。記住，須快踢
快收。

圖1-88

圖1-89

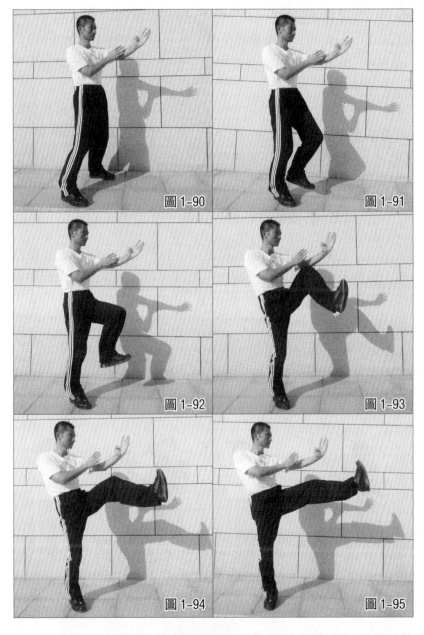

圖 1-90

圖 1-91

圖 1-92

圖 1-93

圖 1-94

圖 1-95

【技術要點】

1. 我的直線踢擊要快速，但動作要簡捷、直接。

2. 我的踢擊發力要短脆、強勁，要用瞬間的爆發力去迅速踢擊。

3. 我在踢擊時，下肢要穩固；同時上肢須保持良好的防護。

4. 我在進行快速踢擊時，必須呼氣進行配合，用來最大限度地提升踢擊威力。

(二)右側動作示範

在對抗泰拳的橫踢腿之前，我們必須先瞭解其攻擊路線與特點，做到知己知彼，然後再有針對性地去進行防禦與反擊訓練。

【實戰動作要領】

我由正身馬開始（圖1–96）；

敵方先用其左腿向我攻來（圖1–97）；

圖1-96　　　　　　圖1-97

我則迅速捕捉有效的戰機（圖1-98）；

圖1-98

敵方是用大幅度的橫掃腿向我中盤攻來（圖1-99）；

我準備用右腳進行反擊（圖1-100）；

圖1-99

我立即將右腳向前方沿直線進行迎擊（圖1-101）；

圖1-100

圖1-101

圖 1-102

圖 1-103

圖 1-104

圖 1-105

　　我的直線踢擊須快捷、及時（圖 1-102）；

　　我的右腳準確踢中了敵方的身體正面要害處（圖 1-103）；

　　我的突然打擊力必會迫使敵方向後失去重心（圖 1-104）。

　　（圖 1-105、106）為我用右腳快速直線迎擊敵方身體正面時的另一個角度示範。動作仍須快捷、短脆與強勁。

　　（圖 1-107～111）為我用左腳去快速迎擊敵方身體正面時的另一個角度示範，也就是當敵方用其左低掃腿

圖 1-106

圖 1-107

圖 1-108

圖 1-109

圖 1-110

圖 1-111

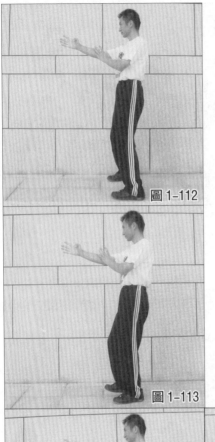

圖 1-112

圖 1-113

或左中掃腿向我攻來時，我直接起左腳去由「中線」快速迎擊，給予其迎頭痛擊。

【單人動作練習】

我由正身馬開始（圖1-112）；

我先將右腳抬起（圖1-113）；

我的右腳向前方攻出時，手保持不動（圖1-114）；

我的右腳須由「中線」快速攻出（圖1-115）；

圖 1-114

圖 1-115

圖 1-116

圖 1-117

我的右腳沿直線向前方敏捷踢出（圖 1-116）；

我的右腳踢出時，上肢須保持良好的防護（圖 1-117）；

圖 1-118

我的右腳發力要短脆、準確、兇狠，並須呼氣進行配合（圖 1-118）。

（圖 1-119）為我進行高位正蹬腿踢擊時的示範，並主要用來攻擊敵方的胸部或是下巴等要害處。

圖 1-119

圖 1-120

圖 1-121

（圖 1-120～127）是我右腳向前方閃電般踢擊時的正面示範動作。動作簡捷與直接，快踢快收。

【技術要點】

1. 我的直線踢擊要快，不可猶疑。

2. 我的踢擊動作發力要短脆，要用瞬間的爆發力去果斷踢擊。

3. 我在踢擊時，下肢一定要穩固；同時上肢須保持良好的防護。

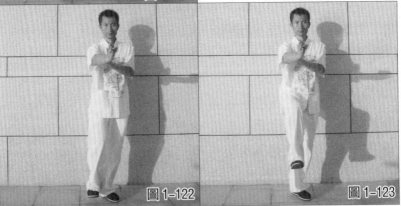

圖 1-122

圖 1-123

圖 1-124　　　　圖 1-125

圖 1-126　　　　圖 1-127

三、耕攔手破解敵方的橫踢腿

　　耕攔手可以說是破解敵方的弧線腿法攻擊的最有特色的武器之一，同時也是技巧性極強的防禦武器之一。這種防衛技術雖然自己的雙臂看似承受的壓力與衝擊力較大，但卻具有極高的實用性（圖 1-128、129），它的高妙之處就是自己雙臂所形成的「剪刀口」形狀能對敵方的攻擊腿

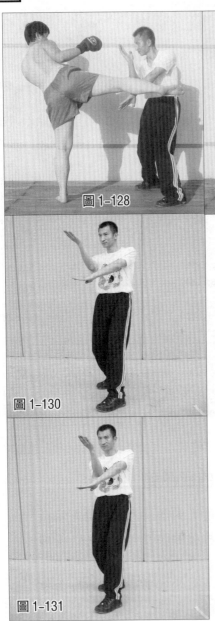

圖1-128

圖1-129

圖1-130

圖1-131

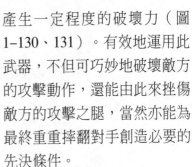

產生一定程度的破壞力（圖1-130、131）。有效地運用此武器，不但可巧妙地破壞敵方的攻擊動作，還能由此來挫傷敵方的攻擊之腿，當然亦能為最終重重摔翻對手創造必要的先決條件。

(一)左側動作示範

【實戰動作要領】

我由正身馬開始（圖1-132）；

敵方先用其右腿向我中盤攻來（圖1-133）；

我則靜觀其變，並捕捉有效的戰機（圖1-134）；

圖 1-132　圖 1-133

圖 1-134

　　我開始將兩臂貼在一起，並向左側快速擋出（圖1-135）；

　　我是在向左側轉動馬步的帶動下，將兩臂向左側果斷擋出的（圖1-136）；

圖 1-135　圖 1-136

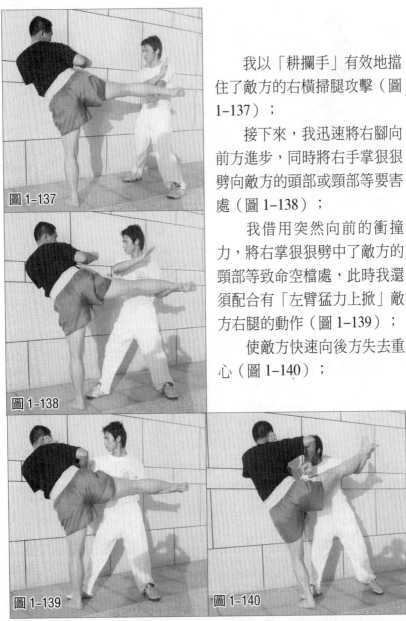

圖 1-137

圖 1-138

圖 1-139

圖 1-140

我以「耕攔手」有效地擋住了敵方的右橫掃腿攻擊（圖1-137）；

接下來，我迅速將右腳向前方進步，同時將右手掌狠狠劈向敵方的頭部或頸部等要害處（圖1-138）；

我借用突然向前的衝撞力，將右掌狠狠劈中了敵方的頸部等致命空檔處，此時我還須配合有「左臂猛力上掀」敵方右腿的動作（圖1-139）；

使敵方快速向後方失去重心（圖1-140）；

我是用整體的攻擊力去向前方攻擊（圖1-141）；

在我迅猛的衝撞下敵方必會向後飛出去（圖1-142）。

註：我是將右腳前沖、右掌橫劈敵頸、左臂猛力上掀敵右腿這三個要素合而為一去巧妙運用的，也就是說必須運用整體的攻擊勁力才能有效的達到目的。

（圖1-143、144）為我用雙臂快速向左側擋擊敵方腿擊時的正面的近距離之手型示範。

圖 1-141

圖 1-142

圖 1-143

圖 1-144

【單人動作練習】

　　由於本動作的練習難度較高，因此又可分為以下兩個步驟去訓練。其中第一步是進行原地的轉動馬步並且擋擊的練習；第二步則是在向前方進步的配合下去進行擋擊，並順勢用攻出右掌進行反擊的練習。

　　1. 原地的轉馬與擋擊的練習

　　我由正身馬開始（圖1-145）；

　　　　　我邊向左側轉動馬步，邊同時將兩臂向上抬起（圖1-146）；

　　　　　我將兩臂快速向左側擋出（圖1-147）；

圖1-145

圖1-146

圖1-147

圖1-148

圖1-149

　　我是在向左側轉動馬步的帶動下，將兩臂向左側敏捷擋出的（圖1-148）；

　　我在用耕攔手進行擋擊的同時，須呼氣進行配合，同時還須將手臂的肌肉收緊，用來增強抵抗力（圖1-149）；從而完成了整個向左側的主動性的擋擊動作。

2. 配合進步的轉動馬步與擋擊的練習

　　我由正身馬開始（圖1-150）；

　　我抬右腳向前方進步（圖1-151）；

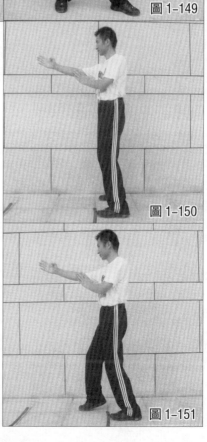

圖1-150

圖1-151

圖 1-152

圖 1-153

我在向前方落穩右腳的同時，將兩臂快速向上抬起（圖1-152）；

我將兩臂以耕攔手向左側迅速擋出，目的是去擋擊敵方的右橫掃腿攻擊（圖1-153）；

我將兩臂向左側擋出的同時，須呼氣進行配合（圖1-154）；

此時須將兩臂的肌肉收緊，用來增強手臂的抵抗力（圖1-155）；

圖 1-154

圖 1-155

接下來，我繼續將右腳向前方移進，同時右掌也準備向敵方的頸部攻出（圖1-156）；

我快速將右掌向敵方的頸部狠狠劈出（圖1-157）；

我右掌打擊的動作要迅捷（圖1-158）；

我借用整體的衝擊力道而將右掌閃電般攻出，當然此時還須配合有左臂猛力向上掀抬敵方右腿的動作（圖1-159）；

圖1-156

圖1-157

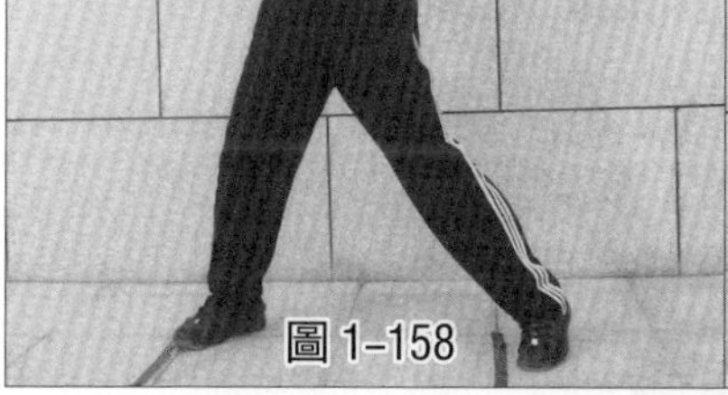

圖1-158

圖1-159

我運用整體的攻擊力,來加快敵方倒地的速度(圖1-160)。

(圖 1-161～170)為我運用耕攔手進行積極防禦,並進一步用右掌反擊敵方的頭部或頸部要害處,使其倒地的示範動作。

圖 1-160

圖 1-161

圖 1-162

圖 1-163

圖 1-164

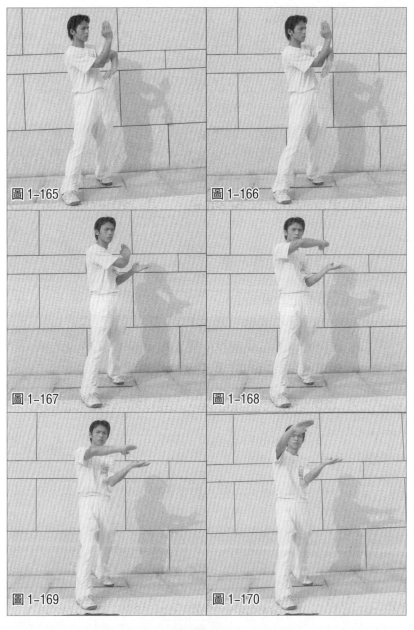

圖 1-165

圖 1-166

圖 1-167

圖 1-168

圖 1-169

圖 1-170

【技術要點】

1. 我的兩臂向左側擋出時，兩臂須收緊並貼住，用來增強手臂的抗擊力度與強化格擋效果。

2. 我的耕攔手這一積極性防禦動作須配合呼氣進行，用來最大限度地提升手臂的抗擊力度。

3. 我的動作講究的是整體的配合，所以無論是上步來創造有效的距離還是掌劈進行反擊，都須連貫一致。特別是當右掌橫劈敵方的頸部空檔時，一定要配合有「左臂猛力向上掀抬」敵方右腿的動作，用以加快敵方倒地的速度。

(二)右側動作示範

【實戰動作要領】

我由正身馬開始（圖 1–171）；

敵方先用其左腿向我中盤攻來（圖 1–172）；

我須捕捉有效的戰機（圖 1–173）；

我開始將兩臂貼在一起，並向右側快速擋出，（圖 1–174）；

我是在向右側轉動馬步的帶動下，將兩臂向右側擋出的（圖 1–175）；

我以耕攔手擋住了敵方的左橫掃腿重擊（圖 1–176）；

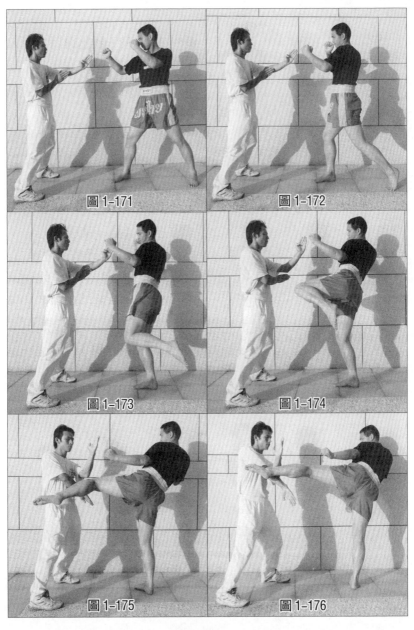

圖 1-171　　　　　　　　　圖 1-172

圖 1-173　　　　　　　　　圖 1-174

圖 1-175　　　　　　　　　圖 1-176

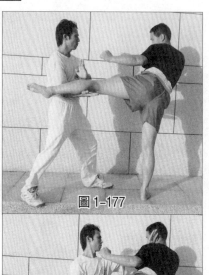

圖 1-177

圖 1-178

接下來，我迅速將左腳向前方進步，同時將左手狠狠劈向敵方的頭部或頸部等要害處（圖 1-177）；

我借用突然向前方的衝擊勢頭，而將左掌狠狠劈中了敵方的頸部等空檔處，此時我還須配合有右臂猛力上掀敵方右腿的動作（圖 1-178）；

使敵方向後方失去重心（圖 1-179）；

我是用整體的向前的衝撞力而將敵方向後方摔飛出去（圖 1-180、181）。

圖 1-180

註：我是以左腳前沖、左掌橫劈敵頸、右臂猛力上掀敵右腿這三個要素，合而為一去巧妙運用的。當然，運用的仍是整體的打擊勁力，所以動作不可脫節。

（圖 1-182）為我用雙臂快速向右側擋擊敵方攻擊時的正面之近距離示範動作。

【單人動作練習】

由於篇幅所限，在此僅介紹原地的轉動馬步與擋擊的練習，關於進步的擋擊練習，可參考前面已經講解過的左側動作而去融會貫通。

1. 原地的轉動馬步與擋擊的練習

我由正身馬開始（圖 1-183）；

圖 1-181

圖 1-182

圖 1-183

圖 1-184

我邊向右側轉動馬步，邊將兩臂向上抬起（圖 1-184）；

我將兩臂迅速向右側擋出（圖 1-185）；

我是在向右側轉動馬步的帶動下，將兩臂快速向右側擋出的（圖 1-186）；

我在用耕攔手進行擋擊的同時，須呼氣進行配合，用來增強手臂的抵抗力（圖 1-187）；從而完成了整個向右側的以守為攻的擋擊動作。

圖 1-185

圖 1-186

圖 1-187

（圖 1–188～192）為本
動作的另一個角度示範。

圖 1–188

圖 1–189

圖 1–190

【技術要點】

1. 我的兩臂向右側擋出
時，兩臂須收緊並貼住，用
來增強手臂的抗擊力度。

2. 我採用耕攔手來積極
性防禦敵方的腿擊時，須配
合呼氣來進行，用來最大限
度地提高防禦質量。

3. 我的動作講究的是整
體的配合，所以無論是上步
來創造有效的反擊距離，還
是用右掌進行反擊，都須協
調與連貫一致，用以加快敵
方倒地的速度。

圖 1-191　　　　圖 1-192

四、閃步踹膝破解敵方的橫踢腿

這是一種技巧性更強的防禦敵方腿法的有效武器，它基本上不與敵方進行接觸，而是「閃打合一」，透過靈敏的步法移動來避過敵方的正面攻勢，並於側面去巧妙地重擊敵方極為薄弱的膝關節，在敵方的意料之外得手。

(一)左側動作示範

【實戰動作要領】

我由正身馬開始（圖 1-193）；

敵方先用其右腿向我中盤攻來（圖 1-194）；

我則靜觀其變，並捕捉有效的戰機（圖 1-195）；

我準備進行移步閃避（圖 1-196）；

我迅速抬右腳向右前方移動（圖 1-197）；

我向右前方避開敵方的正面鋒芒（圖 1-198）；

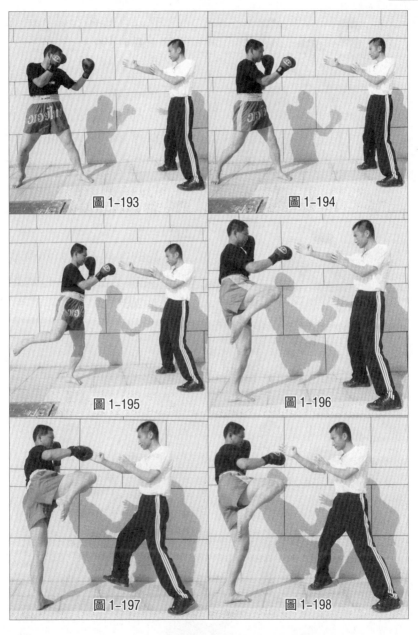

圖 1-193

圖 1-194

圖 1-195

圖 1-196

圖 1-197

圖 1-198

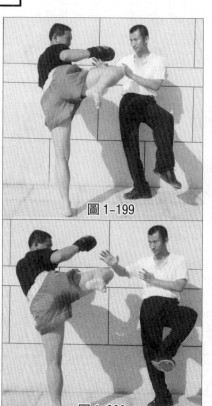

圖 1-199

圖 1-200

我立即抬起左腳，開始反擊（圖 1-199）；

我迅速將左腳踹向敵方的支撐腿（圖 1-200）；

我左腳踹擊的同時，上肢須進行良好的防護（圖 1-201）；

我的左腳準確地踢中了敵支撐腿的膝關節（圖 1-202）；

我的突然打擊力必會使敵方突然失去重心而倒地（圖 1-203）。

圖 1-201

圖 1-202

圖 1-203

（圖 1-204～213）
為我快速向右前方移動來避開敵方的右腿橫踢之後，再果斷將左腳狠狠踹擊敵方支撐腿時的另一個角度示範。我的動作須快捷、短脆與強勁。

圖 1-204

圖 1-205

圖 1-206

圖 1-207

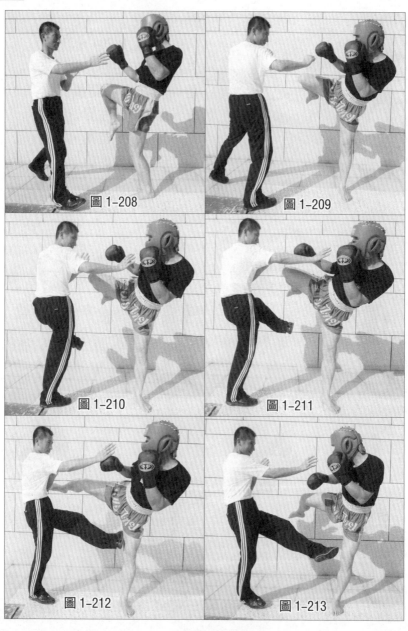

圖 1-208

圖 1-209

圖 1-210

圖 1-211

圖 1-212

圖 1-213

【單人動作練習】

我由正身馬開始，假設敵方先用其右腿向我中盤攻來（圖1-214）；

我迅速將右腳向右前方抬起並移動（圖1-215）；

我快速將右腳落穩於右前方，用來避開敵方的正面鋒芒（圖1-216）；

我立即將身體向左後側轉動，準備攻出左腳（圖1-217）；

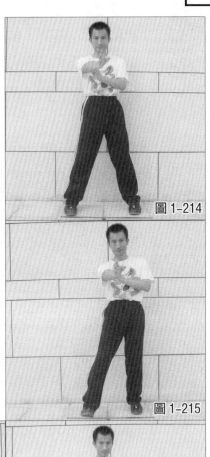

圖1-214

圖1-215

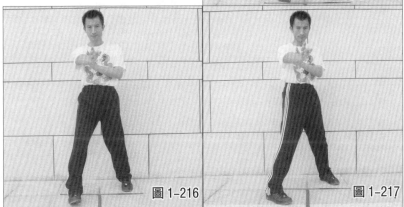

圖1-216

圖1-217

圖 1-218

圖 1-219

我迅速抬起左腳，開始反擊（圖 1-218）；

我迅速將左腳踹向敵方的支撐腿（圖 1-219）；

我在左腳踹擊的同時，須與呼氣配合（圖 1-220）；

我的左腳準確地踢中了敵方的支撐腿的膝關節（圖 1-221）；

我在下肢進行強勁踢擊的同時，上肢須進行嚴密的防護（圖 1-222）。

圖 1-220

圖 1-221

（圖 1-223～233）
為我快速向右前方移動並
閃避敵方的右腿攻擊之
後，再果斷將左腳準確踹
擊敵方支撐腿時的另一個
角度示範。此時，我的踢
擊動作仍須快捷、短脆與
穩固，要快踢快收。

圖 1-222

圖 1-223

圖 1-224

圖 1-225

圖 1-226

圖1-227

圖1-228

圖1-229

圖1-230

圖1-231

圖1-232

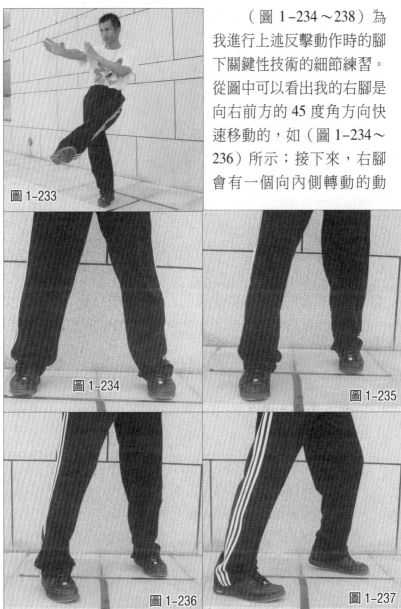

（圖 1-234～238）為我進行上述反擊動作時的腳下關鍵性技術的細節練習。從圖中可以看出我的右腳是向右前方的 45 度角方向快速移動的，如（圖 1-234～236）所示；接下來，右腳會有一個向內側轉動的動

圖 1-233

圖 1-234

圖 1-235

圖 1-236

圖 1-237

作，其目的是使上身能更好地避開敵方的攻擊，以及更有利於攻出左腳進行反擊。

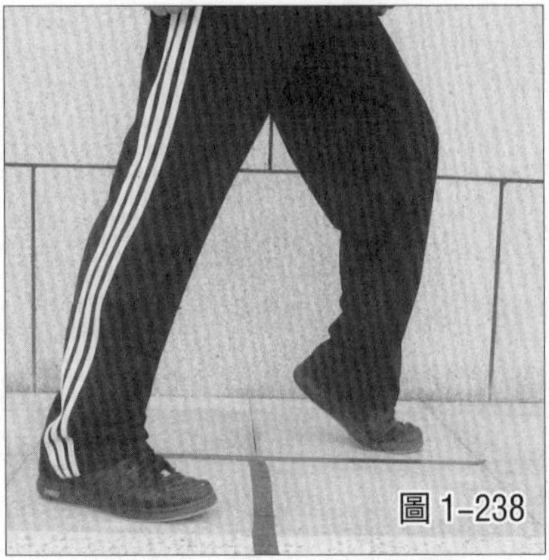

圖1-238

【技術要點】

1. 我向右前方進行移動並閃避的動作一定要快，這是本招法得以成功實施的關鍵所在。

2. 我左腳狠狠踹擊敵方的支撐腿時要連貫，發力要短脆，要用瞬間的爆發力去果斷狠踢。

3. 我在左腳快速踢擊時，右支撐腿要穩固；同時上肢須保持良好的防護。

(二)右側動作示範

【實戰動作要領】

我由正身馬開始（圖1-239）；

敵方先用左腿向我中盤攻來（圖1-240）；

我須捕捉有利的戰機（圖1-241）；

我準備進行移步閃避（圖1-242）；

我迅速抬起左腳並向左前方移動，用來避開敵方的正面鋒芒（圖1-243）；

我立即抬起右腳，開始反擊（圖1-244）；

圖 1-239　　　　　　　　圖 1-240

圖 1-241　　　　　　　　圖 1-242

圖 1-243　　　　　　　　圖 1-244

圖 1-245

圖 1-246

我迅速將右腳踹向敵方的支撐腿空檔處（圖1-245）；

我的右腳在快速踹擊的同時，上肢須同步進行良好的防護（圖1-246）；

我與呼氣進行配合（圖1-247）；

我的右腳準確地踢中了敵方的支撐腿的膝關節要害處（圖1-248）；

我的突然重踢必會最大限度地挫傷敵方支撐腿的膝關節（圖1-249）。

圖 1-247　　　　　圖 1-248

圖 1-249

（圖 1-250～258）為我快速向左前方移動閃避之後，再果斷將右腳閃電般踹擊敵方支撐腿時的另一個角度示範。我的動作仍須連貫、快捷、短促與強勁。

圖 1-250

圖 1-251

圖 1-252

圖 1-253

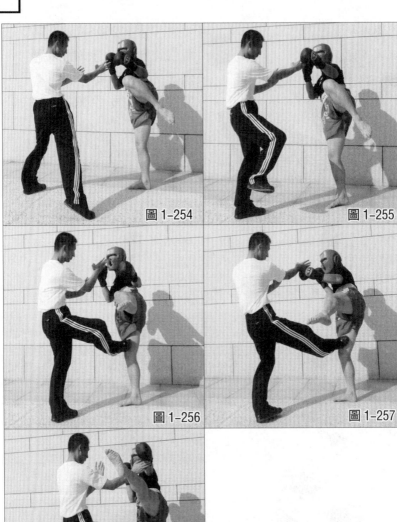

圖 1-254

圖 1-255

圖 1-256

圖 1-257

圖 1-258

【單人動作練習】

我由正身馬開始，敵方先用其左腿向我中盤攻來（圖1-259）；

我迅速將左腳向左前方抬起並移動（圖1-260）；

我快速將左腳落穩於左前方，用來避開敵方的正面鋒芒（圖1-261）；

我立即將身體向右後側轉動，準備攻出右腳（圖1-262）；

圖1-259

圖1-260

圖1-261

圖1-262

圖 1-263

圖 1-264

我迅速抬起右腳（圖1-263）；

我快速將右腳踹向敵方的支撐腿空檔處（圖1-264）；

我在右腳踹擊的同時，須與呼氣進行配合（圖1-265）；

我在右腳進行反擊的同時，我的左支撐腿須穩固（圖1-266）；

我的右腳準確地踢中了敵支撐腿的膝關節（圖1-267）；

我在下肢進行強勁踢擊的同時，上肢須進行良好的防護（圖1-268）。

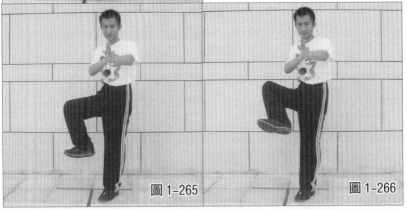

圖 1-265

圖 1-266

圖 1-267

圖 1-268

（圖 1-269～277）為我快速向左前方移動並閃避敵方的攻擊之後，再迅速將右腳狠狠踹擊敵方支撐腿時的另一個角度示範。此時，我的右腳踢擊動作仍須快捷、短促、及時，快踢快收。

圖 1-269

圖 1-270

圖 1-271

圖 1-272

圖 1-273

圖 1-274

圖 1-275

圖 1-276

圖 1-277

（圖 1–278～282）為我進行上述反擊動作時的腳下關鍵性技術細節的練習。從圖中可以看出我的左腳是向左前方的 45 度角方向進行快速移動的，即如（圖 1–278～280）所示；接下來，我左腳會有一個向內側轉動的動作，然後再

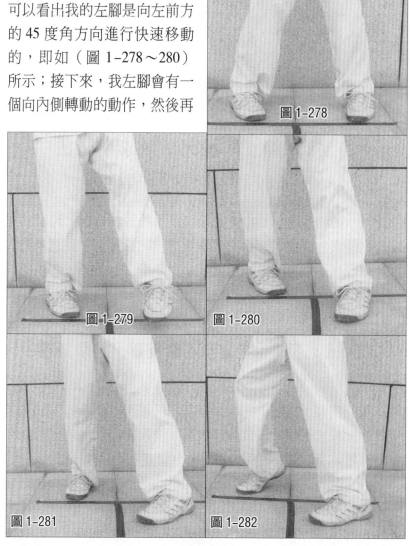

圖 1-278

圖 1-279

圖 1-280

圖 1-281

圖 1-282

閃電般向前方攻出右腳去進行有效的反擊。

【技術要點】

1. 我的左腳向左前方移動的動作一定要快捷。

2. 我的右腳向前方迅猛踹擊敵方的支撐腿時一定要準確、連貫、果斷，發力要短脆，要用瞬間的爆發力去果斷重踢。

3. 我在右腳快速踹擊敵方的支撐腿時，左支撐腿必須穩固；同時上肢須保持嚴密的防護。

第二節　防範與破解泰拳膝法的經典動作解析

膝技也是泰拳中的拿手好戲，也曾讓包括中國拳手在內的其他國家的拳手吃了不少苦頭。事實上，就連今天的散打高手也無不談膝色變，而對泰拳中的膝技感到頭痛。但恰恰在詠春拳中就有一些對付泰拳膝技的良招，現詳解如下，供參考與練習。

一、下攔手接進步右拳反擊／破解頂膝

無論是泰拳中的正頂膝，還是其側頂膝，都是令其他國家的拳手頭痛的招式。在這裏，運用下攔手的目的是由內向外去破壞敵方的頂膝攻擊，再同時果斷地攻出右直拳重擊敵方心窩要害處，給予敵方以有效的突然打擊。

在對抗泰拳的頂膝之前，我們必須先瞭解其攻擊路線與攻擊特點（圖 1–283～288），要知道頂膝的關鍵要素是其雙手必須先控制住敵方的頸部，然後才能施以下肢的膝

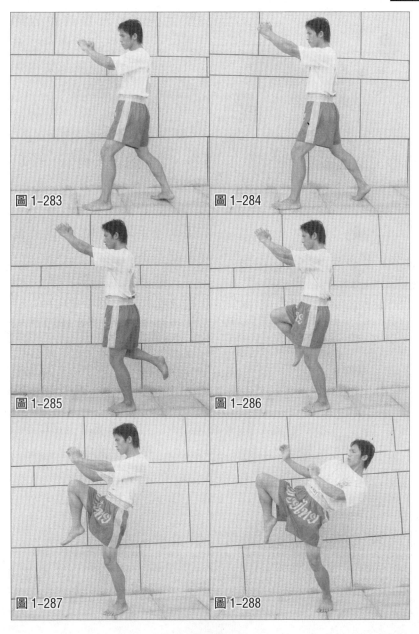

圖 1–283

圖 1–284

圖 1–285

圖 1–286

圖 1–287

圖 1–288

圖 1-289

圖 1-290

擊突襲，也就是說敵方的上、下肢動作之間會有空隙可以利用，此時我必須快速趨前進行有效地反擊。

【實戰動作要領】

我由正身馬開始（圖1-289）；

敵方搶先發起攻擊，並用其雙手先控制住我的頸部（圖1-290）；

敵方抬起右腳準備向前搶攻出右膝（圖1-291）；

敵方抬右膝繼續向前方攻出（圖1-292）；

圖 1-291

圖 1-292

圖1-293

圖1-294

圖1-295

圖1-296

　　我快速用左手向左下側進行擋擊（圖1-293）；

　　我迅猛地用左手向左下側擋擊敵右膝或右大腿內側，破壞敵方的攻擊（圖1-294）；

　　我在左手向下側快速擋擊敵方右膝的同時，又將右拳閃電般狠狠擊向敵方的心窩要害處，當然此時必須配合有向右前方進右步的動作（圖1-295）；

　　我在右拳狠擊的同時，須與呼氣進行配合，最大限度地提升打擊力度（圖1-296）；

圖 1-297

我給予敵方以突然的有效重擊（圖 1-297）。

（圖 1-298～303）為我快速用左手去向下側擋擊敵方右膝內側的同時，再果斷將右拳狠狠中擊敵方心窩時的另一個角度示範。我的左右手動作

圖 1-298　　　　圖 1-299

圖 1-300　　　　圖 1-301

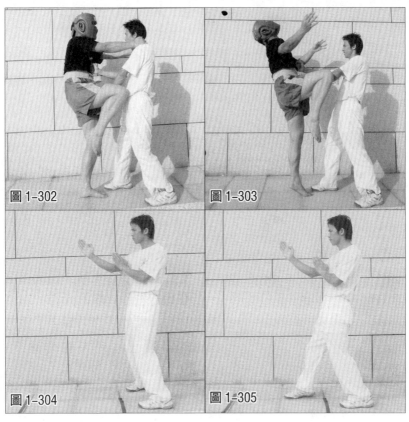

圖 1-302　　　　　　　　　圖 1-303

圖 1-304　　　　　　　　　圖 1-305

要協調，右拳重擊須快捷、短脆與強勁。

【單人動作練習】

我由正身馬開始（圖 1-304）；

我右腳向前方移步（圖 1-305）；

我在右腳向前方落穩的同時，將左手快速向左下側進行擋擊，而且右拳也同步向前方打出（圖 1-306）；

我是在呼氣的同時，將右拳閃電般向前方打出的（圖 1-307）；

圖 1-306　圖 1-307

圖 1-308

　　我在用左手向下側快速擋擊敵方右膝攻擊的同時，右拳也以瞬間的爆炸力擊中了敵方的身體正面要害處（圖 1-308）。

【技術要點】

　　1. 我右腳向前方移動的動作一定要快捷，而且左手須同步快速向左下側進行擋擊。

　　2. 我右拳向前方狠擊敵方的面部或身體等要害時一定要準確、突然、果斷，發力要短脆，並須與左手下擋的動作配合好。

　　3. 我的右拳重擊須配合呼氣，最大限度地強化打擊力，必要時可再連續數拳攻出，直至對手徹底落敗為止。

二、下攔手接進步雙拳重擊／破解正頂膝

泰拳中的正頂膝雖然厲害，但只要我們能把握住有利時機，還是可以予以巧妙、有效地反擊，並化被動為主動。在本招法中，我是先用左手向下攔擊並向外側破壞敵方的頂膝攻擊，同時再果斷地進步並以詠春拳特有的雙手直拳去突然重擊敵方的心窩或咽喉等要害處，給予敵方以有效的強力重擊。

【實戰動作要領】

敵方搶先發起攻擊，並用其雙手先控制住我的頸部（圖1–309）；

敵方抬起右膝並攻向我身體（圖1–310）；

我快速用左手向左下側進行擋擊（圖1–311）；

圖1-309

圖1-310

圖1-311

圖1-312

圖1-313

我左手快速的擋擊動做破壞掉了敵方的膝頂攻擊（圖1-312）；

接下來，我在右腳迅速前移的同時，將雙拳閃電般狠狠擊向敵方的正面要害處（圖1-313）；

我是在與呼氣配合的同時，將雙拳狠狠擊中敵方的正面要害處的（圖1-314）；

給予敵方以意想不到的突然重擊（圖1-315）。

（圖1-316～323）為我快速用左手去向下側擋開敵方右膝攻擊的同時，再果斷用雙拳狠狠打擊敵方身體時

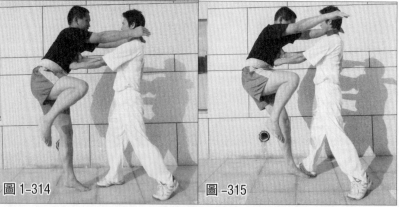

圖1-314

圖-315

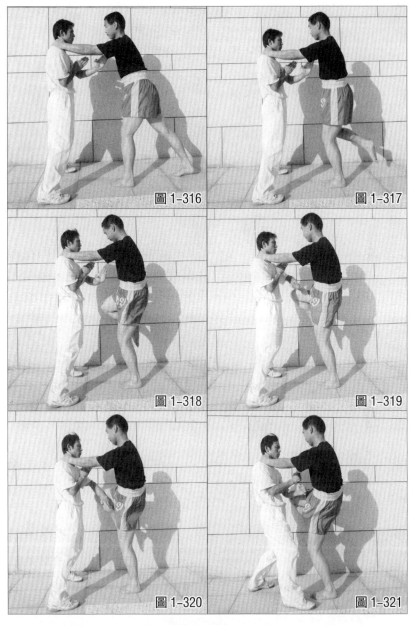

圖 1-316

圖 1-317

圖 1-318

圖 1-319

圖 1-320

圖 1-321

圖 1-322

圖 1-323

圖 1-324

圖 1-325

的另一個角度示範。我的左右拳發力要短脆、及時、強勁，並須與步法的前移動作配合好。

【單人動作練習】

我由正身馬開始（圖 1-324）；

右腳快速向前方移步（圖 1-325）；

在右腳向前方落穩的同時，將左手快速向左下側進行擋擊（圖 1-326、327）；

圖 1-326

圖 1-327

圖 1-328

圖 1-329

圖 1-330

　　我繼續將右腳快速向前方
移動（圖 1-328）；

　　我開始將雙拳向前方攻出
（圖 1-329）；

　　我在呼氣的同時，將雙拳
閃電般向前方打出（圖 1-
330）；

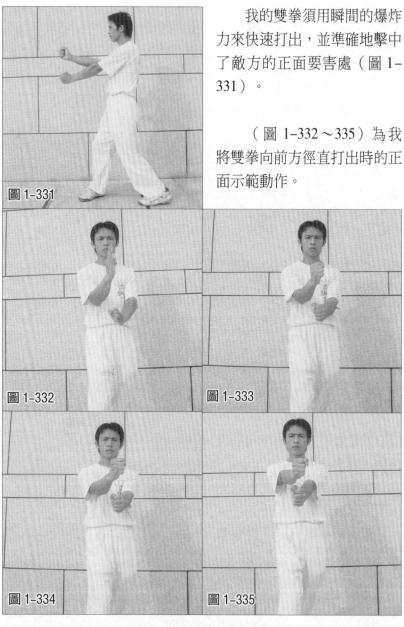

圖1-331

我的雙拳須用瞬間的爆炸力來快速打出，並準確地擊中了敵方的正面要害處（圖1-331）。

（圖1-332～335）為我將雙拳向前方徑直打出時的正面示範動作。

圖1-332

圖1-333

圖1-334

圖1-335

【技術要點】

1. 我的右腳向前方移動的動作一定要快捷，左手須同步進行快速的下擋防禦。

2. 我雙拳向前方同時狠擊敵方正面要害時，一定要與呼氣進行配合，發力要突然、果斷、猛烈，要有足夠的穿透力。

3. 我雙拳重擊的動作還必須有步法的良好配合，用來提升命中率和強化攻擊力。

三、側閃步接三拳連擊／破解正頂膝

正因為泰拳中的正頂膝極為強悍，所以，我們可以避免與敵方進行面對面的對抗，而是快速移步至敵方的「死角」或「盲區」，從而有效地避開敵方的正面鋒芒，並由側面去以連環重拳巧妙地打擊敵方的側面要害處，給予敵方意想不到的突然重創。

【實戰動作要領】

敵方搶先發起攻擊，並用其雙手先控制住我的頸部（圖1-336）；

圖1-336

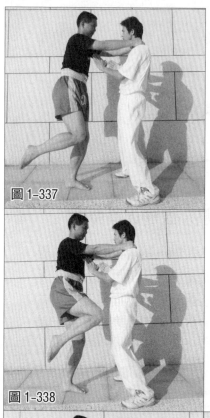

圖 1-337

圖 1-338

敵方抬起右膝並攻向我身體（圖1-337）；

敵方的右膝用的是直線快攻（圖1-338）；

我在迅速將右腳向右前方移動來避開敵方正面攻勢的同時，果斷的將右拳狠狠擊向敵方的左側肋部要害處（圖1-339）；

接下來，我在繼續將右腳前移來貼近敵方的同時，再將左拳閃電般擊向敵方的身體空檔處（圖1-340）；

圖 1-339

圖 1-340

我的左拳連續打擊要迅猛、短脆（圖 1-341）；

我左拳準確地擊中了敵方的身體空檔處（圖 1-342）；

然後，我又再次將右拳重重擊向敵方的身體要害處（圖 1-343）；

給予敵方以意想不到的突然重創（圖 1-344）；

圖 1-341

圖 1-342

圖 1-343

圖 1-344

圖 1-345

圖 1-346

圖 1-347

並將敵方向後擊倒在地（圖 1-345）。

（圖 1-346～353）為我快速閃到敵方右側的空門處，並連續用「右拳－左拳－右拳」去狠擊敵方的身體要害時的另一個角度示範。我的左、右拳連續打擊要快捷、短脆、強勁，並須與步法配合好。

【技術要點】

1. 我的右腳向右前方移動的動作一定要快捷，這是本招法得以成功實施的關鍵所在。

2. 我的「三拳連擊」一定要連貫，並與呼氣配合。發力要突然、果斷，用瞬間的爆炸力去進行快速重擊。

3. 我雙拳連續重擊還須與步法配合好，最大限度地提升打擊的命中率和強化攻擊力。

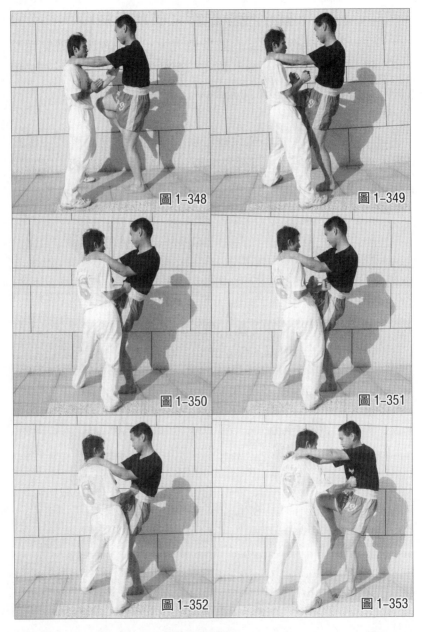

圖 1-348

圖 1-349

圖 1-350

圖 1-351

圖 1-352

圖 1-353

四、下攔手接抄腿摔╱破解橫撞膝

泰拳中的橫撞膝的威脅性更大，它的攻擊距離雖然略長，但是破壞力卻極為驚人。對此，我們必須進行有針對性地專門訓練，從而熟練掌握對抗橫撞膝的有效反擊技巧。

在對抗泰拳的橫撞膝之前，我們必須先瞭解其攻擊路線與攻擊特點（圖1-354～358），做到知己知彼。這種攻

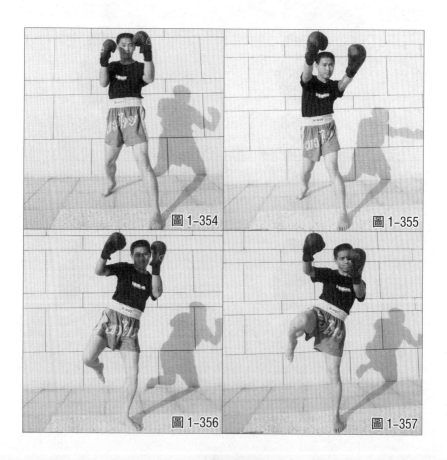

圖1-354　　圖1-355
圖1-356　　圖1-357

擊性膝技的實施關鍵是在用上
肢控制住敵方的上體後，再用
猛然轉體的力量攻出右膝或左
膝，因此攻擊力極強（圖1-
359～363）。

圖 1-363

【實戰動作要領】

敵方搶先發起攻擊，並用其雙手先控制住我的頸部（圖1-364）；

圖 1-364

敵方抬右腳而開始用橫撞膝攻來（圖1-365）；

我快速用左手向左下側進行擋擊（圖1-366）；

圖 1-365

圖 1-366

我左手果斷地將敵方右膝向左側擋開，破壞掉其攻勢（圖1-367）；

我迅速用左手向上抄抱住敵方的右膝關節處（圖1-368）；

我在快速將右腳向前方移步的同時，再將左臂猛力向上掀起敵方的右腿（圖1-369）；

我在左臂繼續用力上掀抬敵方右腿的同時，將右掌狠狠劈向敵方的右側頸部要害處（圖1-370）；

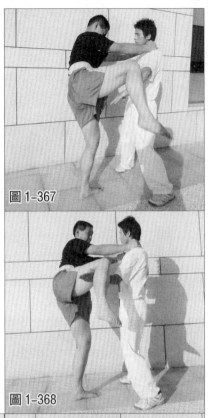

圖1-367

圖1-368

圖1-369

圖1-370

圖 1-371

圖 1-372

圖 1-373

圖 1-374

圖 1-375

使敵方突然向其後方跌出
（圖 1-371）；

我是先將敵方拋高，再重
重將其向其後方跌飛出去的
（圖 1-372）。

（圖 1-373～381）為我
先用左手向下擋擊並向上抄抱
住敵方攻來的右膝關節，同時

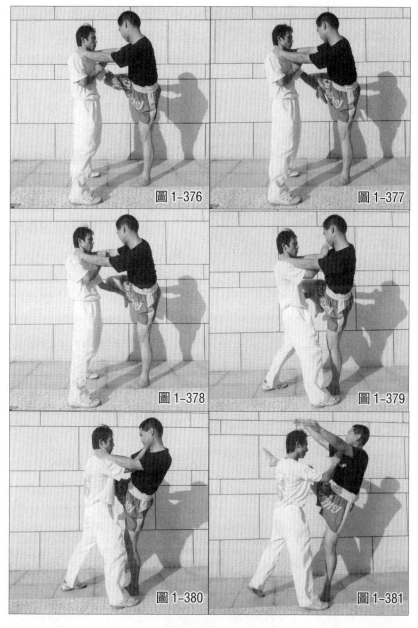

圖 1-376

圖 1-377

圖 1-378

圖 1-379

圖 1-380

圖 1-381

圖1-382

圖1-383

圖1-384

再將右掌狠狠劈向敵方頸部時的另一個角度示範。在這裏，我的左、右手動作要協調配合，充分利用整體的攻擊力與衝擊力去將對手向後方摔「飛」出去。

【單人動作練習】

我由正身馬開始（圖1-382）；

我快速將右腳向前方移步（圖1-383）；

我邊繼續將右腳向前方移動，邊開始將左手向下側進行擋擊（圖1-384）；

我用左手將敵方的攻擊破壞掉（圖1-385、386）；

我迅速用左手向上抄抱（圖1-387）；

我是用左手向上抄住敵方的右膝關節（圖1-388）；

我開始用雙臂同時用力，將對手向後方猛力拋出（圖1-389）；

我在將對手向後方猛然拋出時，須呼氣進行配合（圖1-390）；

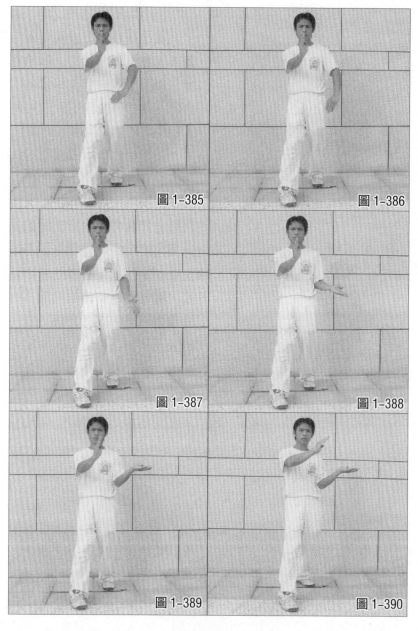

圖 1-385

圖 1-386

圖 1-387

圖 1-388

圖 1-389

圖 1-390

圖1-391

圖1-392

我是在右掌狠狠橫劈敵方
頸部、左臂繼續猛力上掀敵右
腿，以及猛然向前方移步的配
合下，敵方向後方拋出去的
（圖1-391）；

使對手如斷線的風箏般向
後方跌飛出去（圖1-392）。

（圖1-393～403）為我
將敵方向後方猛力摔出時的另
一個角度示範。也就是說仍用
左手向上抄抱住敵方的右膝關
節，然後再用整體的向前方的
衝擊力將敵方向後方摔「飛」
出去。

圖1-393

圖1-394

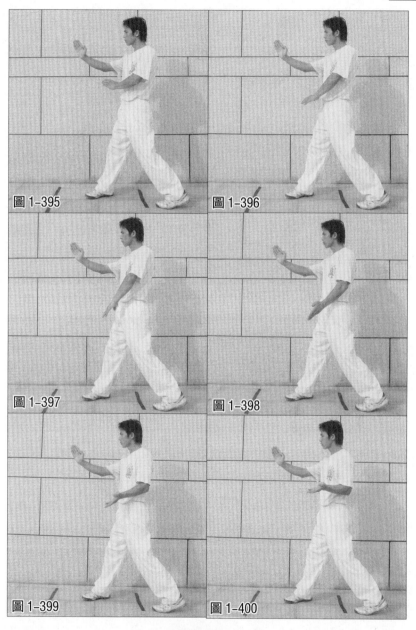

圖 1-395

圖 1-396

圖 1-397

圖 1-398

圖 1-399

圖 1-400

圖 1-401

圖 1-402

圖 1-403

【技術要點】

1. 我左手向左下擋擊敵方的右膝時要快捷，左手向上抄抱敵方的右膝關節時要連貫，這是本招法得以成功實施的關鍵所在。

2. 我是用整體的衝撞力與攻擊力將敵方向後方拋出的，亦即「右掌劈頸、左臂上掀敵右腿、猛然向前方進步」三力合一去快速摔翻對手的。

3. 我在將對手向後方猛然摔出時，必須與呼氣進行配合。

五、下撥敵腿／破解橫撞膝

正因為橫撞膝的衝擊力極大，所以我們可以巧妙地借力打力，不去硬擋硬抗，也就是由順勢牽拉敵方的攻擊腿來破壞其攻勢與重心平衡，然後再快速出腿去狠踢其支撐腿的膝關節，給予其決定性打擊。

【實戰動作要領】

敵方搶先發起攻擊，並用其雙手先控制住我的頸部（圖1-404）；

敵方先用其右膝向我中盤攻來（圖1-405、406）；

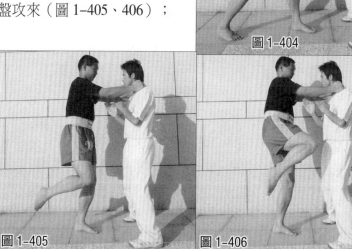

圖1-404

圖1-405

圖1-406

圖 1-407

圖 1-408

我立即用右手下撥敵方的右膝，也就是將右手置於敵方的右膝外側，並順勢向右側用力牽拉（圖1-407）；

我由右手上的牽拉動作，來破壞敵方的重心平衡（圖1-408）；

並改變敵方的攻擊路線（圖1-409）；

接下來，我迅速將右腳向右前方移動，準備攻出左腳（圖1-410）；

圖 1-409

圖 1-410

我立即向前方抬起左腳，開始反擊（圖1-411）；

我迅速將左腳踹向敵方的左支撐腿（圖1-412）；

我是在呼氣的同時，將左腳快速踹向敵方的支撐腿的膝關節的（圖1-413）；

我在左腳快速下踹的同時，自己的右支撐腿須穩固（圖1-414）；

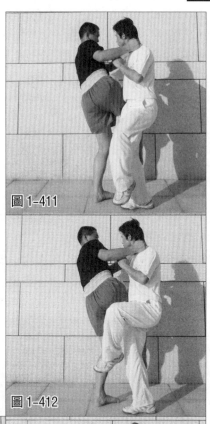

圖 1-411

圖 1-412

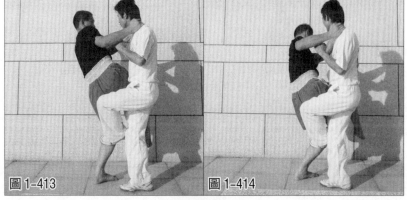

圖 1-413

圖 1-414

我用突然的攻擊力而將敵方踹至跪倒在地（圖 1–415）。

（圖 1–416～425）為我快速用右手向右側擋開敵方的右膝攻擊，再果斷地將左腳狠狠踹擊敵方支撐腿膝關節時的另一個角度示範。其中（圖 1–419～421）是我右手向右側

圖 1–415

圖 1–416

圖 1–417

圖 1–418

圖 1–419

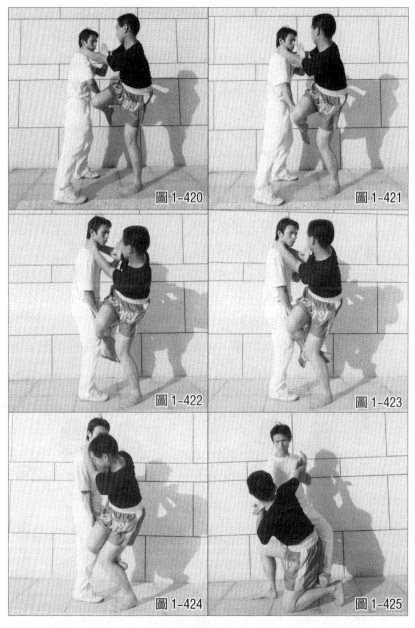

圖 1-420

圖 1-421

圖 1-422

圖 1-423

圖 1-424

圖 1-425

將敵方的右膝擋開的動作，這是關鍵之處。

【技術要點】

1. 我右手向右側擋開敵方的右膝攻擊要快捷，並須用力順勢牽拉，用來破壞敵方的重心平衡，這是本招法得以成功實施的關鍵所在。

2. 我的左腳向前方踹擊敵方右膝的動作要連貫、快捷、短促、強勁，整套動作須於瞬間完成。

六、肘擊敵腿／破解橫撞膝

橫撞膝的衝擊力雖然強大，但肘法的破壞力也同樣極為驚人，所以我須看準時機，果斷出肘去狠擊敵方的薄弱環節處，後發制人，化被動為主動。我是用最強的武器來打擊敵方最弱的部位。

【實戰動作要領】

敵方搶先發起攻擊，並用其雙手來控制我的頸部（圖1-426）；

敵方用其右手來拉緊我的後頸部（圖1-427）；

圖1-426　　圖1-427

敵方先用其右膝向我中盤攻來（圖1-428）；

我快速做出反應（圖1-429）；

我在迅速將右腳向右前方移步來避敵鋒芒的同時，立即將右肘狠狠打向敵方的右大腿內側，將敵方的攻擊破壞掉，並由此挫傷其攻擊武器（圖1-430）；

接下來，我在繼續將右腳向前方進步的同時，再將右肘揮起並狠狠打向敵方的身體或頭部要害處（圖1-431）；

圖1-428

圖1-429

圖1-430

圖1-431

圖 1-432

圖 1-433

我的右肘準確地擊中了敵方的肋部空檔處（圖 1-432）；

將敵方擊倒在地（圖 1-433）。

（圖 1-434～437）為我用來反擊敵方膝撞時的一種更加簡捷的技術，也就是一旦敵方用其雙手來控制我的頸部，我就可迅速將肘由「內側」去巧妙而快速地打擊敵方的下巴這一致命要害處，取得一招制敵的實戰效果。

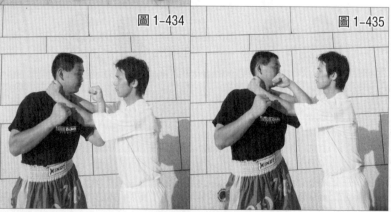

圖 1-434

圖 1-435

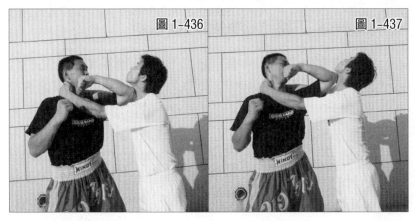

圖 1-436　　　　　　　　　　　圖 1-437

【技術要點】

1. 我的右肘迎擊敵方的右大腿內側要快、要準、要狠，並須與步法的移動配合好。

2. 我右肘反撞敵方的肋部或頭部時要連貫、緊湊、強勁，要充分利用向前方衝擊的慣性力量去重創敵方，整套動作於瞬間完成。

第三節　防範與破解泰拳肘法的經典動作解析

肘法也是泰拳中的拿手好戲之一，並且是泰拳中最犀利的攻擊武器。因為肘尖的鷹嘴骨是人體中最堅硬的骨頭，並常用來打擊敵方的面部與太陽穴等最為薄弱處，所以破壞力極為驚人。對此，我們必須悉心研究對付泰拳肘法的良招，做到有備無患，況且沒有攻不破的招式，只有想不到的方法。

一、正蹬腿破解敵方橫擊肘

橫擊肘是泰拳中最具破壞性以及使用頻率最高的肘法，是泰拳中的主要搏擊武器之一。其缺點是打擊的運行距離較長，所以，在這裏我們應反其道而行之，突然用正蹬腿去準確地迎擊敵方的正面要害處，給予敵方以意料不到的突然打擊。當然任何招式的運用都是相對的，而不是絕對的，所以，我在實際應用時要把握住時機，最重要的是反應一定要快。

【實戰動作要領】

敵方搶先發起攻擊（圖 1–438）；

敵方搶先用其右肘向我上盤攻來（圖 1–439）；

圖 1–438　　　圖 1–439

我看準距離與時機，果斷起右腳進行迎擊（圖1-440）；

我的正蹬腿須由「中線」快速攻出（圖1-441）；

我須與呼氣進行配合（圖1-442）；

我的右腳準確地踢中了敵方的腹部或心窩等致命要害處（圖1-443）；

圖1-440

圖1-441

圖1-442

圖1-443

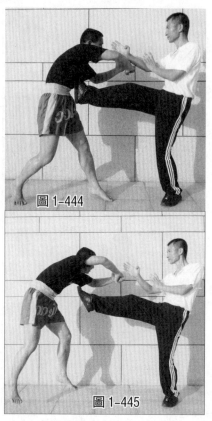

圖 1-444

圖 1-445

給予敵方以有效的重創（圖 1-444）；

我突然的瞬間打擊力可將敵方向後踢飛出去（圖 1-445）。

【技術要點】

1. 我反應要快，要看準時機，起腿要突然和快捷，不可有預動，因為預動是用腿者之大忌。

2. 我須用瞬間的「爆發性寸勁」去快速重踢，並一定須與呼氣進行配合，左支撐腿要穩固，同時上肢亦須進性良好的防護。

3. 我的踢擊動作須流暢，要快踢快收。

二、側閃步接右橫擊肘／破解橫擊肘攻擊

當敵方仍用橫擊肘攻來時，如敵方與我之間的距離較短而無法起腳進行反擊時，我可順著敵方的攻勢，而向其右側移動，以避開敵方的正面鋒芒，然後再伺機由其「盲區」進行反擊。

【實戰動作要領】

敵方搶先發起攻擊（圖
1-446）；

圖 1-446

敵方搶先用其右肘向我上
盤攻來（圖 1-447）；

我看準距離與時機，迅速
將右腳向右前方移動來避開敵
方的正面攻勢（圖 1-448）；

我在用左臂格擋敵方右肘
的同時，果斷地將右肘由最短
的路線狠狠擊向敵方的頭部左
側要害處（圖 1-449）；

圖 1-447

圖 1-448

圖 1-449

圖 1-450

我的右肘準確擊中了敵
方的頭部空檔處（圖1-450）；
　　給予敵方以意想不到的
重創（圖1-451）。

圖 1-451

　　（圖 1-452～455）為我
在快速閃到敵方的右側空門
處的同時，再將右肘重重擊
中敵方頭部要害時的另一個
角度示範。

【技術要點】
　　1. 我的右腳向右前方移
動的動作一定要快捷，這是
本招法得以成功實施的關鍵
所在。因為只要我的步法能

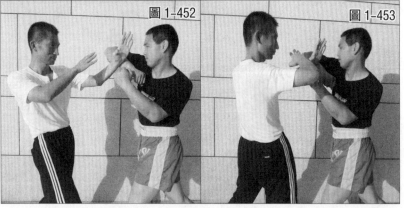

圖 1-452

圖 1-453

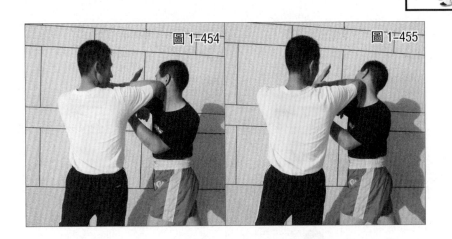

圖 1-454　　圖 1-455

有效的避開敵方的正面攻勢，必會大大減弱我在用左臂格擋敵方右肘攻擊時所承受的壓力。

2. 我右肘反擊敵方的頭部空檔要連貫、強勁、準確，並須與呼氣進行配合，右肘要用瞬間爆炸力進行快速重擊。

三、下踹腿／破解橫擊肘

本招法仍然是「以長破短」，由敵方意想不到的角度去突然反擊他。這種招法雖然實戰效果較好，但也對我的反應速度與實戰經驗提出了較高的要求。

【實戰動作要領】

敵方搶先發起攻擊（圖1-456）；

圖 1-456

圖 1-457

敵方搶先用其左肘向我上盤攻來（圖1-457）；

我看準距離與時機，果斷起左腳進行迎擊（圖1-458）；

我在用上肢進行嚴密防護的同時，將左腳閃電般地踢向敵方的前腿膝關節（圖1-459）；

我的左腳踢擊動作須簡捷和快速（圖1-460）；

圖 1-458

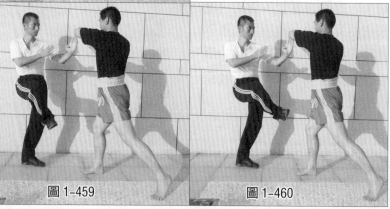

圖 1-459

圖 1-460

我在呼氣以助發力的同時，將左腳準確地踢中了敵方的前腿膝關節要害處（圖1-461）；

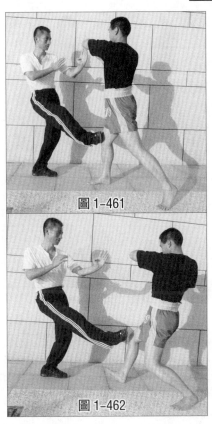

圖 1-461

給予敵方以有效重創，並將其踢倒在地（圖1-462）。

【技術要點】

1. 我的反應要快，出腿反擊時要看準時機，反擊要突然和迅猛。

2. 我須用瞬間的爆發寸勁去快速重踢，而且踢擊的路線一定要簡捷，最大限度地提升踢擊速度，同時左支撐腿一定要穩固，這是本招法得以成功實施的關鍵所在。

圖 1-462

3. 我的上肢亦須同步進性良好的防護。

四、上擋／破解敵砸肘

在泰拳中，砸肘的破壞力相當大，但其不足之處是須在近距離內才能使用，也就是說，敵方在距離控制上將會存在一定的難度。對此，我須迅速做出反應，或是進行格擋，或是進行閃避，並伺機進行反擊。

圖1-463

圖1-464

【實戰動作要領】

敵方搶先發起攻擊（圖
1-463）；

敵方搶先揮其右肘向我頭
部劈下來（圖1-464）；

此時假如我的後退空間有
限的話，或是來不及後退時，
可快速將左臂向上進行格擋
（圖1-465）；

我在用左臂向上進行格擋
的同時，須立即將右拳攻向敵
方的肋骨或腹部要害處（圖
1-466）。

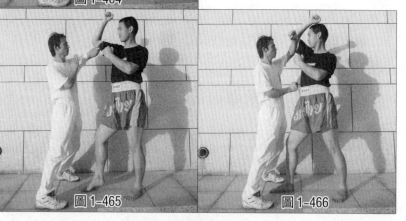

圖1-465

圖1-466

　　（圖1-467）為我用左臂向上進行格擋時的另一個角度示範，當然我的上擋動作僅是瞬間的，並須同步進行反擊。

　　（圖1-468～471）為我利用快速向後方移步的動作

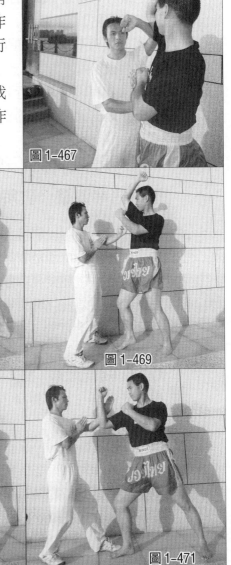

圖1-467

圖1-468

圖1-469

圖1-470

圖1-471

來避開敵方的砸肘狠擊，也就是充分發揮步法上的優勢去巧妙的避過敵方的強力重擊，而不跟敵方近行糾纏的技巧。

【技術要點】

1. 我的反應要快，假如是要用左臂向上格擋時，一定要趨近對手去格擋。

2. 如果我有後閃來進行防禦的機會時，就儘量不要去用格擋，因為去硬擋敵方的重擊是要損耗一定的體力的，同時還存在擋空的風險。

3. 我須隨時尋機去快速反擊對手。

五、短拳連擊／破解轉身反肘

泰拳中的反肘可以稱得上是其招牌動作，是資深泰拳手們的拿手好戲，特別是對於其他的外國武術來講，由於不適應與不瞭解這種突發攻擊技術，所以常會被其突然擊倒。對此，我們須進行專門性的強化訓練，做到知己知彼與有備無患。

【實戰動作要領】

敵方搶先發起攻擊（圖1-472）；

敵方先向其左後方轉身，並同時攻出其左肘（圖1-473）；

敵方是用其轉身的「反肘」來突然襲擊我的頭部要害處，我迅速趨近對手，並果斷攻出左拳去狠擊其後背或後腦等空檔處（圖1-474、475）；

接下來，我再連續攻出右拳去重擊其後背或後腦等要害處，給予敵方以意想不到的突然重擊（圖1-476、1-477）。

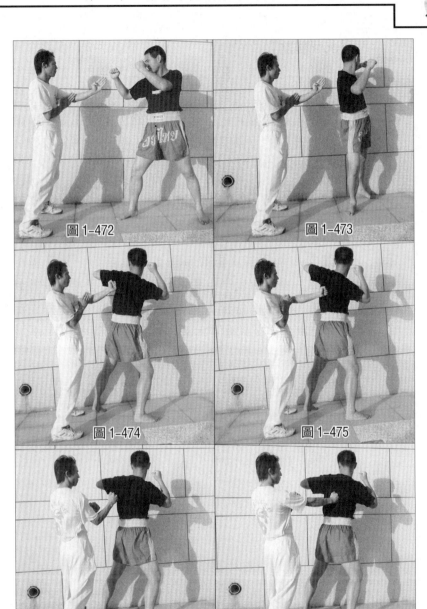

圖 1-472

圖 1-473

圖 1-474

圖 1-475

圖 1-476

圖 1-477

【技術要點】

1. 我的反應要快，在時我將有兩種選擇，一是快速向後方移步退出，第二種則是迅速趨前去突然狠去對手。因為若我真要向後退出時，可能會招致敵方更加迅猛的連續攻擊，所以最佳的反擊策略就是既要能閃開敵方的打擊，還要尋機去及時的反擊對手。

2. 我的出拳打擊要快速、及時、準確、強勁，不給對手應變之機。

（**註：**反擊泰拳攻擊的招法還有很多，但因篇幅所限，僅介紹一些具有代表性的防禦技術，讀者可認真體會和融彙貫通，進而總結出更適合自己的打法，或是舉一反三去磨練出更加有效以及更加適合自己的格鬥技術）。

詠春拳手腳配合
攻　擊　法

詠春拳比較注重腳下功夫的練習，特別是下盤腿法的攻防練習，只不過對不同層次的求學者所安排的練習內容有所不同而已。也就是說，隨著練習對詠春拳修習的年資越長，以及對詠春拳理解的越深刻，則學習內容的難度也會逐步提高。所以，當學習者到了一定的程度後便可開始學習這類有關下盤的應用型功夫了。

　　所謂手腳配合攻擊法，也就是上肢與下肢相互協調配合，去進行攻防。其練習難度自然要比單純的腿法攻擊要高出許多，因為它又多出了一個手法上的配合動作。但這也正是詠春拳的特色所在，可以這樣說，詠春拳手與腳配合技術上的細膩程度雖然不能說是最好的，但也完全可以稱得上是獨樹一幟的，而且這類極為精妙的高級技戰術體系多體現在詠春拳的木人樁技術中。

　　在詠春拳中，有關手腳配合攻擊技巧的訓練有多種，但因篇幅所限，在此僅精講具有代表性的 6 例如下，讀者倘能自如運用必會在很大程度上增強與提升自己的技擊實力，因為技擊技術的學習有一個基本的原則那就是貴精不貴多。

一、攤手格擋／正蹬、沖拳

(一)右側動作示範

【實戰動作要領】

我由正身馬開始（圖 2-1）；

敵方先揮右拳向我攻來，我迅速做出反應（圖 2-2）；

圖 2-1　　　　　　　　　圖 2-2

圖 2-3　　　　　　　　　圖 2-4

　　我立即用左攤手由敵方的手臂內側去外擋，擋擊的部位是其右前臂內側（圖 2-3）；

　　我左手輕快地外擋敵方的右臂內側，破壞其用力與攻擊方向（圖 2-4）；

　　接下來，敵方又用其左拳向我攻來（圖 2-5）；

圖 2-5

圖 2-6

圖 2-7

我快速用右攤手由敵方的手臂內側之「內門」去外擋其左臂（圖 2-6）；

我用右手快速外擋敵方的左臂內側，破壞其攻擊方向（圖 2-7）；

隨後，敵方又再次用其右拳向我攻來（圖 2-8）；

我迅速用左攤手由敵方的手臂內側之「內門」去外擋其右前臂（圖 2-9）；

圖 2-8

圖 2-9

而且不待敵方進一步做出反應，我早已快速將左手向內側翻轉，去抓握敵方的右手臂（圖2-10）；

我在左手抓牢其右手臂的同時，立即將左腳向前方移動，創造最佳的反擊距離與機會（圖2-11）；

我在左手適當用力向後方抓拉敵方右手臂的同時，快速抬起右腳向前方攻出（圖2-12）；

我右沖拳與右正蹬腿是同時由最短的路線向前方果斷攻出的（圖2-13）；

圖2-10

圖2-11

圖2-12

圖2-13

圖 2-14

圖 2-15

我的右沖拳與右正蹬腿同時分別準確地擊中了敵方的面部與下腹等要害處（圖2-14）；

給予敵方以決定性打擊（圖2-15）。

【單人動作練習】

由於手腳配合的練習動作在技術細節中要求極高，或者說此類技術極為細膩，需要我們去精心練習與留意每一個環節。

我由正身馬開始（圖2-16）；

先將左手由「中線」向前攤出（圖2-17）；

圖 2-16　　　　　圖 2-17

我左攤手伸出時，身體不要動（圖2-18）；

我將左手向左側進行攤擋（圖2-19）；

我將「左攤手」擋至定位（圖2-20）；

接下來，我再將右手由左手下側向前方伸出（圖2-21）；

圖2-18

圖2-19

圖2-20

圖2-21

我是以右攤手向前方伸出的（圖2-22）；

我將右手向右側進行攤擋（圖2-23）；

我將「右攤手」擋至定位（圖2-24）；

隨後，我再將左手由右手下側向前方伸出（圖2-25）；

圖2-22

圖2-23

圖2-24

圖2-25

我是以左攤手向前方伸出的（圖 2-26）；

我將左手向左側進行攤擋（圖 2-27）；

圖 2-26

然後，我開始將左手向內側進行翻轉（圖 2-28）；

我繼續將左手向內側翻轉，並變為手心斜向下方（圖 2-29）；

圖 2-27

圖 2-28

圖 2-29

圖 2-30

圖 2-31

我用左手去抓握敵方的手臂（圖 2-30）；

我在左手抓握並用力後拉敵方手臂的同時，快速將左腳向前方移步（圖 2-31）；

最後，我將右腳向前方提起並攻出（圖 2-32）；

我是右沖拳與右正蹬腿同時向前方攻出的（圖 2-33）；

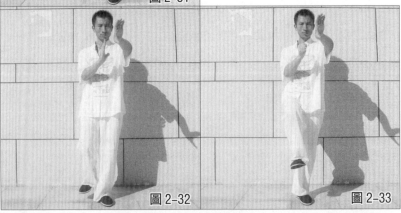

圖 2-32

圖 2-33

我在右沖拳與右正蹬腿攻擊的同時，須與呼氣進行配合（圖2-34）；

　　我右拳與右腿須沿直線與中線快速攻出（圖2-35）；

　　我在右拳與右腿向前方同步攻出的同時，左手須配合有後拉的動作（圖2-36）；

　　我是用短促的瞬間爆發力果斷打擊的（圖2-37）。

圖 2-34

圖 2-35

圖 2-36

圖 2-37

圖 2-38

圖 2-39

圖 2-40

（圖 2-38～40）是最後的用右沖拳與右正蹬腿同時攻擊時的側面示範動作。記住，此時必須與左手的後拉動作配合好。

【技術要點】

1. 我攤手外擋的動作要快，動作幅度不要過大，以免養成不良習慣，而被敵方乘虛而入。

2. 我一手攤擋的同時，另一手必須保持良好的防護，也就是說要做到「攻防合一」。

3. 我左手反抓敵方的手臂要快速、連貫，右沖拳重擊與右正蹬腿攻擊須協調，支撐腿要穩固，打擊時發力要短脆、猛烈，要快打快收，整套動作須一氣呵成。

(二)左側動作示範

【實戰動作要領】

我由正身馬開始（圖 2-41）；

敵方先揮左拳向我中盤或上盤攻來（圖 2-42）；

圖 2-41

我立即用右攤手由敵方的手臂內側之「內門」去外擋其左前臂（圖 2-43）；

我右手輕快地外擋敵方的左臂內側，破壞其用力與攻擊方向（圖 2-44）；

圖 2-42

圖 2-43

圖 2-44

圖 2-45

圖 2-46

接下來，敵方又用其右拳向我攻來（圖 2-45）；

我快速用左攤手由敵方的手臂內側向外側擊其右臂（圖 2-46）；

我左手輕快地外擋動作，必會破壞掉敵方的攻擊（圖 2-47）；

隨後，敵方又再次用其左拳向我攻來（圖 2-48）；

圖 2-47

圖 2-48

我再快速用右攤手由敵方的手臂內側之「內門」去外擋其左臂（圖2-49）；

我右手迅捷地外擋敵方的左臂內側，必會破壞敵方的攻擊方向（圖2-50）；

隨後，不待敵方進一步做出反應，我早已在向前方進右腳的同時，快速將右手向內側進行翻轉，並去抓握敵方的左手臂（圖2-51）；

我在右手抓牢敵方右手臂並適當用力後拉的同時，快速抬起左腳開始向前方攻出（圖2-52）；

圖2-49

圖2-50

圖2-51

圖2-52

圖 2-53

我是左沖拳與左正蹬腿同時由最短的路線向前方攻出的（圖 2-53）；

我的左沖拳與左正蹬腿分別同時準確地擊中了敵方的面部與下腹等致命要害處（圖 2-54）；

給予敵方以突然的決定性打擊（圖 2-55）。

【單人動作練習】

我由正身馬開始（圖 2-56）；

我先將右手由中線向前方攤出（圖 2-57）；

圖 2-54

圖 2-55

圖 2-56

圖 2-57

圖 2-58

圖 2-59

圖 2-60

圖 2-61

　　我右攤手伸出時身體不要動（圖 2-58）；

　　我將右手向右側進行攤擋（圖 2-59）；

　　我將左手由右手下側向前方伸出（圖 2-60）；

　　我是以左攤手向前方伸出（圖 2-61）；

圖 2-62

圖 2-63

我開始將左手向左側擋出（圖 2-62）；

我將左手向左側擋至定位（圖 2-63）；

接下來，我又將右手由左手的下側向前方伸出（圖 2-64）；

我是以右攤手向前方伸出的（圖 2-65）；

我將右攤手擋至前方（圖 2-66）；

我將右手向右側進行攤擋（圖 2-67）；

隨後，我開始將右手向內側進行翻轉（圖 2-68）；

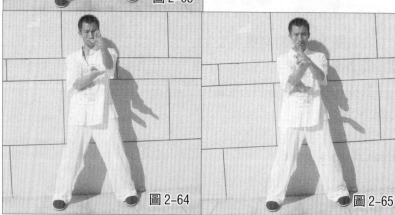

圖 2-64

圖 2-65

圖 2-66

圖 2-67

圖 2-68

圖 2-69

　　我繼續將右手向內側翻轉，變為手心斜向下的角度，而進行抓握的動作（圖 2-69）；

　　我用右手去抓握敵方的手臂（圖 2-70）；

圖 2-70

圖2-71

圖2-72

圖2-73

圖2-74

我須在左手抓握敵方手臂的同時，適當用力進行後拉，用來破壞敵方的重心平衡（圖2-71）；

我速將右腳向前方進步，準備起左腳去攻擊（圖2-72）；

我將左腳向前方提起並果斷攻出（圖2-73）；

我的右支撐腿須穩固（圖2-74）；

我是以左沖拳與左正蹬腿同時向前方攻出的（圖2-75）；

我用短促的瞬間爆發力果斷打擊（圖2-76）。

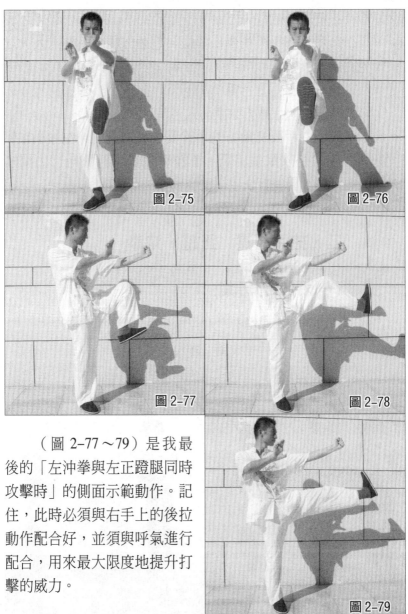

圖 2-75　　圖 2-76

圖 2-77　　圖 2-78

（圖 2-77～79）是我最後的「左沖拳與左正蹬腿同時攻擊時」的側面示範動作。記住，此時必須與右手上的後拉動作配合好，並須與呼氣進行配合，用來最大限度地提升打擊的威力。

圖 2-79

【技術要點】

1. 我的攤手外擋動作要快、但動作幅度不要過大，以免養成不良習慣。

2. 我在一手進行攤擋的同時，另一手必須保持良好的防護狀態，防止敵方乘虛而入。

3. 我右手反抓敵方的手臂要快速、連貫，左沖拳狠擊與左正蹬腿攻擊須協調，下肢要穩固，打擊時發力要短脆、猛烈，要快打快收，整套動作一氣呵成。

二、拍手格擋／正蹬、沖拳

(一)右側動作示範

【實戰動作要領】

我由正身馬開始（圖2-80）；

敵方先揮右拳向我攻來（圖2-81）；

圖2-80　　　　　　圖2-81

我立即用左手由敵方的手臂外側去向內側進行拍擊（圖2-82）；

我左手須輕快地拍擋敵方右前臂外側，以便破壞其用力與攻擊方向（圖2-83）；

接下來，敵方又用其左拳向我攻來（圖2-84）；

我此時須進行嚴密的防護（圖2-85）；

圖2-82

圖2-83

圖2-84

圖2-85

圖2-86

我快速用右手由敵方的手臂外側去拍擊其左前臂（圖2-86）；

我右手拍擋敵左臂的同時，左手須同步進行嚴密的防護（圖2-87）；

圖2-87

我利用敏捷的拍擊動作來破壞掉敵方的攻擊動作（圖2-88）；

隨後，敵方又再次用其右拳向我攻來（圖2-89）；

圖2-88

圖2-89

我迅速用右攤手由敵方的手臂外側去擋擊其右臂（圖2-90）；

我在右手向右側進行格擋的同時，左手須做好防護動作（圖2-91）；

我利用敏捷的攤擋動作來將敵方的右拳重擊破壞掉（圖2-92）；

然後，不待敵方進一步做出反應，我早已快速將右手向內側翻轉，而去抓握其右手臂，同時須立即將左腳向前方移動，來創造最佳的反擊距離和時機（圖2-93）；

圖2-90

圖2-91

圖2-92

圖2-93

圖2-94

圖2-95

我在右手抓牢其右手臂並用力後拉的同時，須立即將右腳向前方攻出（圖2-94）；

我是將左沖拳與右正蹬腿同時由最簡短的路線向前方攻出的（圖2-95）；

我的左沖拳與右正蹬腿分別同時準確地擊中了敵方的面部與下腹等致命要害處（圖2-96）；

我的突然的雙重打擊必定會使敵方措手不及而遭受重創（圖2-97）。

圖2-96

圖2-97

【單人動作練習】

我由正身馬開始（圖2-98）；

我先將左手由「中線」向前伸出（圖2-99）；

我開始將左手向右側進行輕快的拍擊防禦（圖2-100）；

接下來，我又將右手向前方伸出（圖2-101）；

圖2-98

圖2-99

圖2-100

圖2-101

圖 2-102

圖 2-103

圖 2-104

圖 2-105

我將右手沿中線向前方伸出進行防禦（圖 2-102）；

我開始將右手向左側進行輕快地拍擊（圖 2-103）；

我左手向右側拍擊的動作須輕快、自然，並成拍手定位動作（圖 2-104）；

我開始將右手向上、向外側進行翻轉（圖 2-105）；

我將右手以攤手向右側敏捷地擋出（圖 2-106）；

我右手進行攤擋時，左手須同步進行良好的防護（圖 2-107）；

我將右手向右側攤擋至定位（圖 2-108）；

我開始將右手向內、向下側進行翻轉（圖 2-109）；

圖 2-106

圖 2-107

圖 2-108

圖 2-109

圖 2-110

圖 2-111

我將右手向內側轉至手心斜向下的狀態（圖 2-110）；

我用右手去抓握敵方的手臂（圖 2-111）；

我在左手向後方抓拉敵方手臂的同時，須快速將左腳向前方移步（圖 2-112）；

接下來，我將右腳向前方提起並果斷攻出（圖 2-113）；

圖 2-112

圖 2-113

我是左沖拳與右正蹬腿同時向前方攻出的（圖 2-114）；

我在左沖拳與右正蹬腿攻擊的同時須呼氣進行配合（圖 2-115）；

我的左拳與右腿須沿直線向前方快速攻出（圖 2-116）；

我是用短促的瞬間爆發力去果斷打擊的（圖 2-117）。

圖 2-114

圖 2-115

圖 2-116

圖 2-117

圖 2-118

圖 2-119

圖 2-120

（圖 2-118～120）是我最後的用左沖拳與右正蹬腿同時攻擊時的側面示範動作。記住，此時必須與右手的後拉動作配合好。

【技術要點】

1. 我的拍擊防禦與攤手之外擋動作要快、要敏捷，但動作幅度不可過大，以免為敵所用。

2. 我在一手進行防禦的同時，另一手必須同步進行良好的防護。

3. 我右手反抓以及後拉敵方的手臂要快速、連貫，左沖拳狠擊與右正蹬腿攻擊須協調、堅決、強勁，下肢要穩固，打擊時發力要短脆，要快打快收，整套動作須一氣呵成。

(二)左側動作示範

【實戰動作要領】

我由正身馬開始（圖 2–121）；

敵方先揮左拳向我攻來（圖 2–122）；

我快速用右手由敵方的手臂外側向內側拍擊其左前臂（圖 2–123）；

我右手輕快地拍擋敵左臂的動作，必會破壞敵方的用力與攻擊方向（圖 2–124）；

圖 2-121

圖 2-122

圖 2-123

圖 2-124

圖 2-125

接下來，敵方又用其右拳向我攻來（圖 2-125）；

圖 2-126

此時，我雙手須進行嚴密地防護（圖 2-126）；

我快速用左手由敵方的手臂外側去拍擊其右前臂（圖 2-127）；

我在左手輕快地拍擊的同時，右手須同步做好防護動作（圖 2-128）；

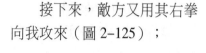

圖 2-127

圖 2-128

我利用敏捷地拍擊動作破壞敵方的攻擊動作（圖2-129）；

隨後，敵方又再次用其左拳向我攻來（圖2-130）；

我迅速用左攤手由敵方的手臂外側擋擊其右前臂（圖2-131）；

我在左手進行攤擋的同時，右手須做好防護動作（圖2-132）；

圖2-129

圖2-130

圖2-131

圖2-132

圖2-133

我利用敏捷地攤擋動作來破壞敵方的左拳重擊（圖2-133）；

圖2-134

將敵方的攻擊破壞掉，並快速將左手向內側翻轉，抓握敵方的左手臂（圖2-134）；

然後，不待敵方進一步做出反應，我早已將右腳快速向前方移動，來創造最佳的打擊距離與最佳時機（圖2-135）；

我在左手抓牢敵方的左手臂並用力後拉的同時，立即將左腳與右拳向前方攻出（圖2-136）；

圖2-135

圖2-136

我是右沖拳與左正蹬腿同時由最短的路線向前方攻出的（圖 2-137）；

圖 2-137

我的右沖拳與左正蹬腿分別同時準確地擊中了敵方的面部與下腹等致命要害處（圖2-138）；

給予敵方以決定性的突然重擊（圖 2-139）。

【單人動作練習】
我由正身馬開始（圖 2-140）；

圖 2-138

圖 2-139

圖 2-140

圖 2-141

圖 2-142

先將右手由中線向前伸出
（圖 2-141）；

我開始將右手向左側進行
拍擊（圖 2-142）；

我在右手拍擋的同時，左
手須同步進行良好的防護（圖
2-143）；

接下來，我將左手向前方
伸出（圖 2-144）；

圖 2-143

圖 2-144

我開始將左手向右側進行拍擊（圖2-145）；

我向右側拍擊的動作須輕快、自然（圖2-146）；

我將左手向右側拍至定位（圖2-147）；

隨後，我開始將左手向上、向外進行翻轉，變為手心向上的狀態（圖2-148）；

圖2-145

圖2-146

圖2-147

圖2-148

圖 2-149

圖 2-150

　　我將左手以攤手向左側擋出（圖 2-149）；

　　我將左手進行攤擋時，右手須同步進行良好的防護（圖 2-150）；

　　我將左手向左側攤擋至定位（圖 2-151）；

　　我開始將左手向內、向下進行翻轉（圖 2-152）；

圖 2-151

圖 2-152

我將左手向內側轉至手心斜向下的狀態（圖 2-153）；

我用左手抓握並後拉敵方的手臂（圖 2-154）；

我快速將右腳向前方進步（圖 2-155）；

然後，我再將左腳向前方提起並快速攻出（圖 2-156）；

圖 2-153

圖 2-154

圖 2-155

圖 2-156

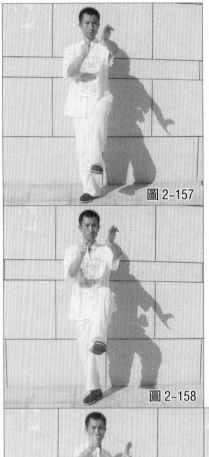

圖 2-157

圖 2-158

我是右沖拳與左正蹬腿同時向前方攻出的（圖 2-157）；

我在右沖拳與左正蹬腿攻擊的同時，須呼氣進行配合（圖 2-158）；

我的右拳與左腿須沿直線向前方快速攻出（圖 2-159）；

我是用短促的瞬間爆發力去果斷打擊的（圖 2-160）。

圖 2-159

圖 2-160

（圖 2-161～164）是最後的右沖拳與左正蹬腿同時攻擊時的側面示範動作。

【技術要點】

1. 我的拍擊與攤手的外擋動作要快、要敏捷，但動作幅度不可過大，以免為敵所用。

2. 我在一手進行防禦的同時，另一手必須進行良好的防護，或伺機進行反擊。

3. 我左手反抓以及後拉敵方的手臂要快速、連貫，右沖拳狠擊與左正蹬腿攻擊須協調、強勁，上下同步打擊時發力要短脆，快打快收，整套動作一氣呵成。

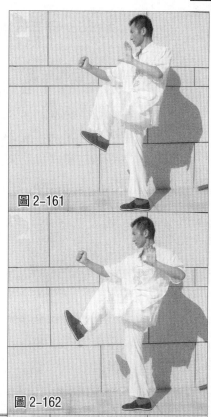

圖 2-161

圖 2-162

圖 2-163

圖 2-164

三、拍手、膀手、拉手格擋／橫踢、上擊拳

(一)右側動作示範

【實戰動作要領】

我由正身馬開始（圖2-165）；

敵方先揮右拳向我攻來（圖2-166）；

我立即用左手由敵方的手臂外側去進行拍擋，即拍擊其右前臂（圖2-167）；

我左手須輕快地拍擋敵方右臂外側，破壞其用力與攻擊方向（圖2-168）；

接下來，敵方又用其左拳向我上盤攻來（圖2-169）；

我此時須進行嚴密的防護（圖2-170）；

圖2-165

圖2-166

圖2-167

圖2-168　　　　　　　圖2-169

圖2-170　　　　　　　圖2-171

　　我快速用右膀手由敵方的
手臂外側去擋擊其左前臂（圖
2–171）；

　　我在用右膀手進行快速格
擋的同時，左手也須同步進行
良好的防護（圖2-172）；

圖2-172

圖2-173

圖2-173-1

我利用敏捷地擋擊動作來破壞敵方的攻擊方向（圖2-173）；（圖2-173-1、2-173-2）為我用右膀手擋擊時的另一個角度示範，

隨後，敵方又再次用其右拳向我攻來（圖2-174）；

我則迅速用右手由敵方的右手臂外側去進行向右側的格擋動作（圖2-175）；

我右手繼續向右側格擋敵方的右前臂（圖2-176）；

我用右手快速反抓敵方的右手臂（圖2-177）；

圖2-173-2

圖2-174

圖2-175

圖2-176

圖2-177

圖2-178

　　我在右手抓牢敵方的右手臂並用力後拉的同時，須立即將左腳向前方移動，來創造最佳的反擊距離與時機（圖2-178）；

　　我在右手繼續用力後拉敵方手臂的同時，須立即將右腳向前方移動（圖2-179）；

圖2-179

圖2-180

圖2-181

我是左勾拳（手心向上）與右橫踢腿同時由最短的路線向前方敏捷攻出的（圖2-180）；

我在左拳與右腿同時攻出時，左支撐腳須穩固（圖2-181）；

我的左拳狠狠擊中了敵方的肋部致命要害處，並同時用右腳重重向前踢中了敵方的前腿膝關節（圖2-182）；

我的左勾拳與右腳須充分發揮強勁的瞬間爆炸力去重擊（圖2-183）；

圖2-182

圖2-183

我雙管齊下的打擊動作必會令敵方防不勝防中招落敗（圖2-184）。

（圖2-185）為本招法的一種戰術發揮，也就是在右手用力後拉敵方的右臂的同時，我可以將左拳狠狠擊向敵方的面部致命要害處，並同時用右腳重重踢擊敵方的膝關節。

圖2-184

圖2-185

【單人動作練習】

我由正身馬開始（圖2-186）；

我先將左手由中線向前伸出（圖2-187）；

圖2-186　圖2-187

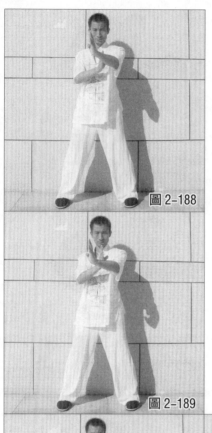

圖 2-188

圖 2-189

我開始將左手向右側進行拍擊（圖 2-188）；

我將左手拍至右側，完成左拍手動作（圖 2-189）；

我開始將右手向前方伸出（圖 2-190）；

我須將右手上抬並以膀手擋出（圖 2-191）；

我的右臂擋擊動作須輕快、自然（圖 2-192）；

我將右臂擋成膀手定位（圖 2-193）；

圖 2-190

圖 2-191

圖 2-192

圖 2-193

圖 2-194

圖 2-195

接下來，我將右手向上抬起（圖 2-194）；

我是將右手由下側而向右上方擋出的（圖 2-195）；

我右手進行外擋的同時，左手須同步進行良好的防護（圖 2-196）；

圖 2-196

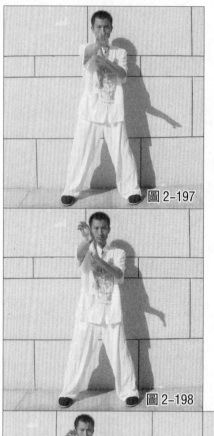

圖 2-197

我將右手擋至右側（圖 2-197）；

隨後，我開始用右手抓握敵方的手臂（圖 2-198）；

我在右手抓握並後拉敵方手臂的同時，快速將左腳向前方移步（圖 2-199）；

然後，我將右腳向前方提起並開始攻出（圖 2-200）；

圖 2-198

圖 2-199

圖 2-200

我在右腿向前方攻出時，左腳站立須穩固（圖 2-201）；

我是左拳（手心向上）與右橫踢腿同時向前方攻出的（圖 2-202）；

我在上、下肢同時攻出時，須與呼氣進行配合（圖 2-203）；

我的左拳與右腿須沿最簡短的路線向前方快速攻出（圖 2-204）；

圖 2-201

圖 2-202

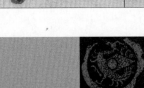

圖 2-203

圖 2-204

我用短促的瞬間爆發力果斷打擊（圖2-205）。

（圖2-206～209）是我最後的左勾拳與右橫踢腿同時攻擊時的側面示範動作。記住，此時左勾拳與右橫踢腿的攻擊動作必須與右手後拉的動作配合好。

圖2-205

圖2-206

圖2-207

圖2-208

圖2-209

【技術要點】

1. 我的左手拍擊與右膀手的格擋動作要快、要敏捷，動作幅度要恰到好處。

2. 我接下來的右手向上側格擋與順勢後拉敵方手臂的動作要迅猛、有力。

3. 我右手反抓以及後拉敵方的右手臂要快速、連貫，左上擊拳狠擊敵方的肋骨與右橫踹腿重擊其下盤須協調、堅決、強勁。

4. 我在發動立體式攻擊時，支撐腳要穩固，而且打擊時發力要短脆，快打快收。

(二)左側動作示範

【實戰動作要領】

我由正身馬開始（圖 2-210）；

敵方先揮左拳向我攻來（圖 2-211）；

我立即用右手由敵方的手臂外側向內側拍擊其左前臂（圖 2-212）；

圖 2-210

圖 2-211

圖 2-212

圖 2-213

圖 2-214

圖 2-215

圖 2-216

我右手須用輕快地動作進行拍擊防禦（圖2-213）；

破壞敵方的用力與攻擊方向（圖2-214）；

接下來，敵方又用其右拳向我上盤攻來（圖2-215）；

我須快速做出反應（圖2-216）；

我立即用左膀手由敵方的手臂外側去擋擊其右前臂（圖2-217）；

我利用敏捷地擋擊動作來破壞敵方的攻擊方向（圖2-218）；

隨後，敵方又再次用其左拳向我攻來（圖2-219）；

我則迅速用左手由敵方的左前臂外側去進行向左側的格擋動作（圖2-220）；

圖2-217

圖2-218

圖2-219

圖2-220

圖 2-221

圖 2-222

我左手繼續向左側格擋敵方的左前臂（圖 2-221）；

我用左手快速反抓敵方的左手臂（圖 2-222）；

我在左手抓牢敵左手臂並用力後拉的同時，須立即將右腳向前方移動，創造最佳的反擊距離（圖 2-223）；

我在左手繼續用力後拉敵方手臂的同時，立即將左腳向前方攻出（圖 2-224）；

圖 2-223

圖 2-224

我是右勾拳（手心向上）與左橫踹腿同時由最短的路線向前攻出的（圖 2-225）；

圖 2-225

我在右拳與左腿同時攻出時，右腳的站立須穩固（圖 2-226）；

我的右拳狠狠擊中了敵方的肋部要害處，並同時用左腳重重踢中了敵方的前腿膝關節（圖 2-227）；

我的右勾拳與左腳須充分發揮強勁的瞬間的爆炸力去狠擊，給予敵方以決定性打擊（圖 2-228）。

圖 2-226

圖 2-227

圖 2-228

圖 2-229

（圖 2-229）為本招法的一種戰術發揮，也就是在左手用力後拉敵方左臂的同時，我須將右沖拳重重擊向敵方的面部致命要害處，並同時用左腳重重踢向敵方的前腿膝關節，使敵方難以上下兼顧。

【單人動作練習】

我由正身馬開始（圖 2-230）；

我先將右手由中線向前伸出（圖 2-231）；

我開始將右手向左側進行拍擊（圖 2-232）；

圖 2-230

圖 2-231

圖 2-232

我將右手拍至左側，完成右拍手的定位動作（圖2-233）；

接下來，我將左手向前方伸出並抬起（圖2-234）；

我將左手以膀手擋出（圖2-235）；

我的左臂格擋動作須輕快、自然（圖2-236）；

圖2-233

圖2-234

圖2-235

圖2-236

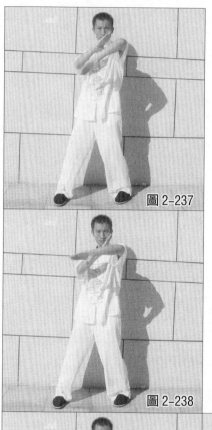

圖 2-237

圖 2-238

圖 2-329

圖 2-240

我將左臂擋成膀手定位（圖 2-237）；

隨後，我開始將左手向上抬起（圖 2-238）；

我是將左手由下則而向右上方快速擋出的（圖 2-239）；

我左手由面前擋過時，右手須同步進行良好的防護（圖 2-240）；

我將左手擋至左側（圖
2-241）；

我開始用左手抓握敵方的
手臂並後拉（圖 2-242）；

然後，我在左手繼續抓握
並後拉敵方手臂的同時，快速
將右腳向前方移步（圖 2-
243）；

我將左腳向前方提起並開
始攻出（圖 2-244）；

圖 2-241

圖 2-242

圖 2-243

圖 2-244

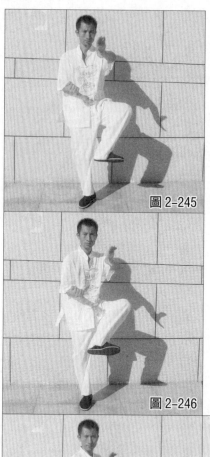

圖 2-245

圖 2-246

圖 2-247

圖 2-248

我在左腿向前方攻出時，支撐腳的站立須穩固（圖 2-245）；

我是右拳（手心向上）與左橫踹腿同時向前方攻出的（圖 2-246）；

我在將上、下肢同時攻出時，須與呼氣進行配合（圖 2-247）；

我的右拳與左腿須沿最簡短的路線向前方快速攻出，並且是用短促的瞬間爆發力果斷打擊的（圖 2-248）。

（圖 2-249～252）是我最後的右勾拳與左橫踹腿同時攻擊時的側面示範動作。記

圖 2-249　　　　　　圖 2-250

圖 2-251

住，在將右勾拳與左橫踹踢腿
向前方同步打出時，必須與左
手後拉的動作配合好。

【技術要點】

1. 我的右手拍擊與左膀手
的格擋動作要快、要敏捷，動
作幅度恰到好處。

2. 接下來的左手向左側格
擋與順勢後拉敵方手臂的動作
要迅猛、有力。

3. 我左手反抓以及後拉敵
方的左手臂要快速、連貫，右
上擊拳狠擊與左橫踹腿攻擊須
協調、強勁，下肢要穩固，打
擊時發力要短脆，要快打快
收。

圖 2-252

四、拍手、攤手格擋、拉手／正踢、橫掌

(一)右側動作示範

【實戰動作要領】

我由正身馬開始（圖2-253）；

敵方先揮其右拳向我攻來（圖2-254）；

我立即用左手去拍擊敵方的右前臂外側（圖2-255）；

我左手輕快的拍防動作，破壞了敵方的用力與攻擊方向（圖2-256）；

接下來，敵方又用其左拳向我上盤攻來（圖2-257）；

圖2-253

圖2-254

圖2-255

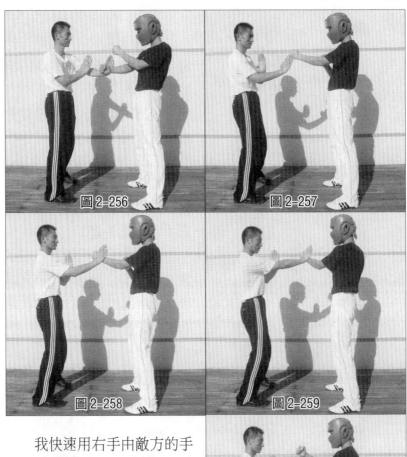

圖 2-256　　　　　　　圖 2-257

圖 2-258　　　　　　　圖 2-259

我快速用右手由敵方的手臂外側去拍擊其左前臂（圖2-258）；

我利用敏捷的拍擊動作來破壞敵方的攻擊方向（圖2-259）；

隨後，敵方又再次用其右拳向我攻來（圖2-260）；

圖 2-260

圖 2-261

圖 2-262

　　我則迅速用右手由敵方的右手臂外側，進行向右側的格擋動作（圖 2-261）；

　　我右手繼續向右側格擋敵方的右前臂，此時我的右手心是向上的（圖 2-262）；

　　我迅速將右手向內側轉動，並用右手快速反抓敵方的右手臂（圖 2-263）；

　　我在右手抓牢敵方的右手臂並用力後拉的同時，須立即將左腳向前方移動，創造最佳的反擊距離（圖 2-264）；

圖 2-263

圖 2-264

然後，我在右手繼續用力後拉敵方右臂的同時，立即將右腳提起向前方攻出（圖2-265）；

我是左橫掌（手心向下）與右正踹腿同時由最簡短的路線向前方攻出的（圖2-266）；

我在左掌與右腿同步攻出時，支撐腳的站立須穩固（圖2-267）；

我的左掌狠狠擊向敵方的咽喉或頸部等致命要害處，並同時用右腳重重踢向敵方的下腹部（圖2-268）；

圖2-265

圖2-266

圖2-267

圖2-268

圖2-269

圖2-270

我的左掌與右腳須充分發揮強勁的爆炸力去狠擊（圖2-269）；

我是用瞬間爆炸力給予敵方決定性打擊的（圖2-270）。

【單人動作練習】

我由正身馬開始（圖2-271）；

我先將左手由中線向前伸出（圖2-272）；

我開始將左手向右側進行拍擋（圖2-273）；

我將左手拍至右側，完成左拍手的動作（圖2-274）；

圖2-271

圖2-272

圖 2-273

圖 2-274

圖 2-275

圖 2-276

　　接下來，我又開始將右手
向前方伸出（圖 2-275、
276）；

　　我將右手向左側進行拍擋
（圖 2-277）；

圖 2-277

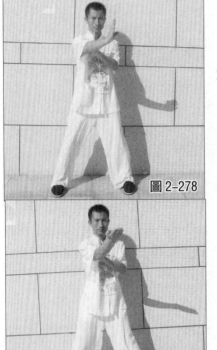

圖 2-278

我將右手拍至左側，完成右拍手的動作（圖 2-278）；

隨後，我再將右手向上進行翻轉，準備再向右側擋出（圖 2-279）；

圖 2-279

我以右攤手向右側擋出（圖 2-280）；

我將右攤手向右側擋至定位（圖 2-281）；

圖 2-280

圖 2-281

緊接著，我又開始將右手向下、向內側進行翻轉（圖2–282）；

圖 2-282

我用右手去抓握敵方的手臂（圖 2–283）；

我在右手抓握並適當用力後拉敵方手臂的同時，快速將左腳向前方移步（圖 2–284）；

然後，我將右腳向前方提起並迅速攻出（圖 2–285）；

圖 2-283

圖 2-284

圖 2-285

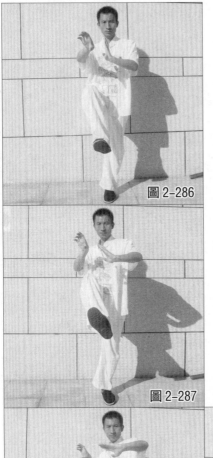

圖 2-286

圖 2-287

我在右腿向前方攻出時，左支撐腳須穩固（圖 2-286）；

我是左掌（手心向下）與右橫踹腿同時向前方果斷攻出的（圖 2-287）；

我在上下肢同時攻出時，須呼氣進行配合，用來提升打擊的力道（圖 2-288）；

我的左掌與右腿須沿最簡短的路線向前方快速攻出，我用的是瞬間爆發力去果斷打擊的（圖 2-289）。

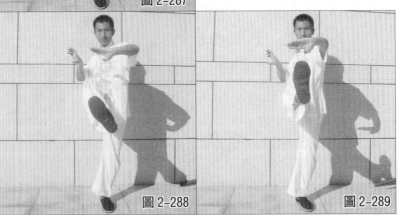

圖 2-288

圖 2-289

（圖 2-290～292）是我最後的左掌與右正蹬腿同時攻擊時的側面示範動作。記住，此時我的打擊動作必須與右手上的後拉動作配合好。

【技術要點】

　　1. 我的左手拍擊防禦與攤手的格擋動作要快、要敏捷，動作幅度恰到好處。

　　2. 我接下來的右手向另一側格擋與順勢後拉敵方手臂的動作要迅猛、有力。

　　3. 我左掌狠擊敵喉與右腿重踢敵腹須協調、堅決、強勁，下肢要穩固，打擊時的發力要短脆，要快打快收。

　　4. 我在上下肢同步攻出時，必須與呼氣進行配合。

圖 2-290

圖 2-291

圖 2-292

圖 2-293

圖 2-294

圖 2-295

圖 2-296

(二)左側動作示範

【實戰動作要領】

我由正身馬開始（圖 2-293）；

敵方先揮左拳向我攻來（圖 2-294）；

我立即用右手去拍擊敵方的左前臂外側（圖 2-295）；

我右手輕快地拍防動作，破壞敵方的用力與攻擊方向（圖 2-296）；

接下來，敵方又用其右拳向我上盤攻來（圖 2-297）；

我此時須用雙手進行嚴密的防護（圖 2-298）；

我快速用左手由敵方的手臂外側去拍擊其右前臂（圖 2-299）；

我在用左手拍擊時，右手須同步進行行嚴密地防護（圖 2-300）；

圖 2-297

圖 2-298

圖 2-299

圖 2-300

圖 2-301

圖 2-302

我利用敏捷的拍擊動作來破壞敵方的攻擊方向（圖 2-301）；

隨後，敵方又再次用其左拳向我攻來（圖 2-302）；

我則迅速用左手由敵方的左手臂外側去進行向左側的格擋動作（圖 2-303）；

我左手繼續向左側格擋敵方的左前臂，此時我的左手心是向上的（圖 2-304）；

圖 2-303

圖 2-304

我迅速將左手向內側轉動，並用左手去快速反抓敵方的左手臂（圖2-305）；

我用左手抓牢敵方的左手臂，並用力後拉（圖2-306）；

我在左手用力後拉敵方左手臂的同時，須立即將右腳向前方移動，來創造最佳的反擊距離（圖2-307）；

然後，我在左手繼續用力後拉敵方左臂的同時，立即將左腳提起開始攻出（圖2-308）；

圖2-305

圖2-306

圖2-307

圖2-308

圖 2-309

圖 2-310

我是右橫掌（手心向下）與左正蹹腿同時由最簡短的路線向前方攻出的（圖 2-309）；

我在右掌與左腿同時攻出時，支撐腳的站立須穩固（圖 2-310）；

我的右掌狠狠擊向敵方的咽喉或頸部等致命要害處，並同時用左腳重重踢向敵方的下腹部（圖 2-311）；

我的右掌與左腳須充分發揮強勁的爆炸力去狠擊，給予敵方以決定性的打擊（圖 2-312）。

圖 2-311

圖 2-312

【單人動作練習】

我由正身馬開始（圖 2-313）；

我先將右手由中線向前伸出（圖 2-314）；

我開始將右手向左側進行拍擋（圖 2-315）；

我將右手拍至左側，完成右拍手的動作（圖 2-316）；

圖 2-313

圖 2-314

圖 2-315

圖 2-316

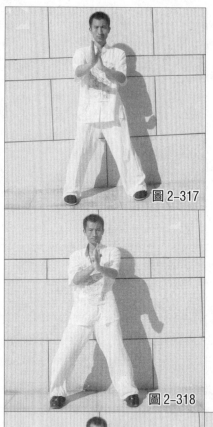

圖 2-317

圖 2-318

接下來，我又開始將左手向前方伸出（圖 2-317、318）；

我將左手向右側進行拍擋（圖 2-319）；

我將左手拍至右側，完成左拍手的動作（圖 2-320）；

隨後，我再將左手向上進行翻轉，準備再向左側擋出（圖 2-321）；

我以左攤手向左側擋出（圖 2-322）；

我將左攤手向左側擋至定位（圖 2-323）；

圖 2-319

圖 2-320

圖 2-321

圖 2-322

圖 2-323

圖 2-324

緊接著，我又開始將左手
向下、向內側進行翻轉（圖
2-324）；

我用左手去抓握敵方的手
臂（圖2-325）；

圖 2-325

圖 2-326

圖 2-327

我在左手適當用力後拉敵方的手臂（圖 2-326）；

然後，我快速將右腳向前方移步（圖 2-327）；

我將右腳向前方提起並迅速攻出（圖 2-328）；

我是右掌（手心向下）與左橫踹腿同步向前果斷攻出的（圖 2-329）；

我在上下肢同時攻出時，須與呼氣進行配合，用來提升打擊的力道（圖 2-330）；

我的右拳與左腿沿最簡短的路線向前快速攻出（圖 2-331）；

我用的是瞬間爆發力去果斷打擊的（圖 2-332、333）。

圖 2-328

圖 2-329

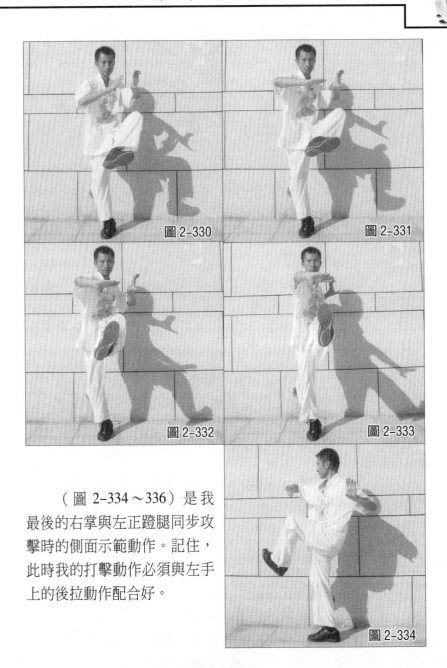

圖 2-330

圖 2-331

圖 2-332

圖 2-333

（圖 2-334～336）是我
最後的右掌與左正蹬腿同步攻
擊時的側面示範動作。記住，
此時我的打擊動作必須與左手
上的後拉動作配合好。

圖 2-334

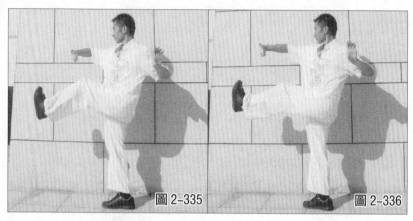

圖2-335　　　圖2-336

【技術要點】

1. 我的右手拍擊防禦與攤手的格擋動作要快、要敏捷，動作幅度恰到好處。

2. 我接下來的左手向另一側格擋與順勢後拉敵方手臂的動作要連貫、迅猛、有力。

3. 我右掌狠擊敵喉與左腳正踹敵腹須協調、強勁、迅猛，不可猶疑。下肢要穩固，打擊時的發力要快速、乾脆，快打快收。

4. 我在上下肢同步攻出時，必須與呼氣進行配合。

五、拍手、拍手、拉手格擋／橫踢、側掌重擊

(一)右側動作示範

【實戰動作要領】

我由正身馬開始（圖2-337）；

敵方先揮右拳向我攻來（圖2-338）；

圖 2-337　　　　　　　　圖 2-338

圖 2-339　　　　　　　　圖 2-340

圖 2-341

　　我立即用左手由敵方的手臂外側去向內側拍擊其右前臂（圖 2-339）；

　　我左手輕快地拍擋擊動作，必會破壞敵方的用力與攻擊方向（圖 2-340）；

　　接下來，敵方又用其左拳向我上盤攻來（圖 2-341）；

圖 2-342

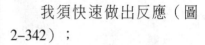

我須快速做出反應（圖 2-342）；

我快速用右手由敵方的手臂外側去拍擊其左前臂（圖 2-343）；

圖 2-343

我在用右手拍擊防禦的同時，左手須同步進行良好的防護（圖 2-344）；

我用右手快速的拍擊動作來破壞掉敵方左拳重擊（圖 2-345）；

圖 2-344

圖 2-345

隨後，敵方又再次用其右拳向我攻來（圖2-346）；

圖2-346

我迅速用右手由敵方的右手臂外側去進行向右側的格擋動作，此時我的右手心是向下的（圖2-347）；

我的右手繼續向右側格擋敵方的右前臂（圖2-348）；

圖2-347

我用右手快速反抓敵方的右手臂（圖2-349）；

圖2-348

圖2-349

圖 2-350

圖 2-351

我右手在抓牢敵方的右手臂後，須適當用力後拉（圖 2-350）；

緊接著，我須立即將左腳向前方移動，來創造最佳的反擊距離與時機（圖 2-351）；

我在右手繼續用力後拉敵方手臂的同時，須立即將右腳與左掌向前方攻出（圖 2-352）；

我是左側掌（手心向前）與右橫踹腿同時由最短的路線向前方攻出的（圖 2-353）；

圖 2-352

圖 2-353

我在左掌與右腿同步攻出時，左支撐腳的站立須穩固（圖2-354）；

圖2-354

我的左掌狠狠擊中了敵方的面部致命要害處，並同時用右腳重重踢中了敵方的前腿之膝關節（圖2-355）；

我的左掌與右腳須充分發揮強勁的「爆炸力」去重擊（圖2-356）；

圖2-355

我「雙管齊下」的打擊動作必會令敵方防不勝防而中招落敗（圖2-357）。

圖2-356

圖2-357

圖 2-358

圖 2-359

【單人動作練習】

我由正身馬開始（圖 2-358）；

我先將左手由中線向前伸出（圖 2-359）；

我開始將左手向右側進行拍擊（圖 2-360）；

我又開始將右手向前方伸出（圖 2-361）；

圖 2-360

圖 2-361

我將右手向左側進行拍擊（圖2-362）；

我將右手向左側拍至定位（圖2-363）；

接下來，我將右手向上抬起，此時右手心是向下的（圖2-364）；

我將右手向右側快速擋出（圖2-365）；

圖2-362

圖2-363

圖2-364

圖2-365

隨後，我開始用右手抓握敵方的手臂（圖2-366）；

我在右手抓握並後拉敵方手臂的同時，快速將左腳向前方移步（圖2-367）；

然後，我將右腳向前方提起並開始攻出（圖2-368）；

我在右腿向前方攻出時，左腳的站立須穩固（圖2-369）；

我是左掌與右橫踹腿同時向前方攻出的（圖2-370）；

我在上、下肢同步時，須呼氣進行配合（圖2-371）；

我的左掌與右腿須沿最簡短的路線向前方快速攻出，用短促的瞬間爆發力進行閃電般

圖2-366

圖2-367

圖2-368

圖2-369

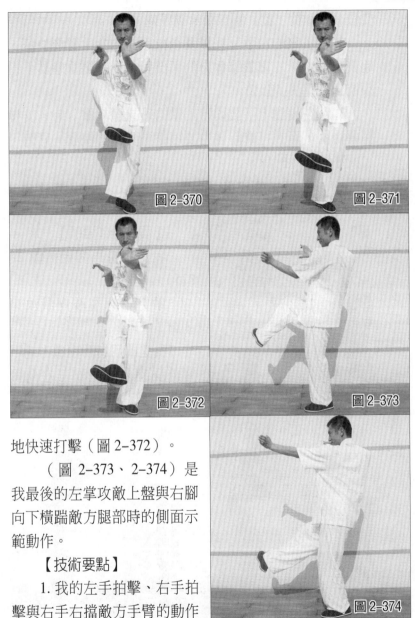

圖 2-370

圖 2-371

圖 2-372

圖 2-373

圖 2-374

地快速打擊（圖 2-372）。

　　（圖 2-373、2-374）是我最後的左掌攻敵上盤與右腳向下橫踹敵方腿部時的側面示範動作。

　　【技術要點】

　　1. 我的左手拍擊、右手拍擊與右手右擋敵方手臂的動作

要快、要敏捷，動作幅度要恰到好處。

2. 接下來的右手反抓以及後拉敵方的右手臂要快速、連貫、有力。左掌狠擊敵方的面部與右橫踹腿重擊其下盤須協調、堅決、強勁。

3. 我在發動上下肢同時出擊的「立體攻擊」時，支撐腳要穩固，而且打擊時發力要短脆，要快打快收。同時，須與呼氣進行配合。

（二）左側動作示範

圖 2-375

【實戰動作要領】

我由正身馬開始（圖 2-375）；

敵方先揮左拳向我攻來（圖 2-376）；

我立即用右手由敵方的手臂外側向內側拍擊其左前臂（圖 2-377）；

圖 2-376

圖 2-377

我左手輕快地拍擋擊動作，破壞了敵方的用力與攻擊方向（圖2-378）；

使敵方的拳向一邊斜出（圖2-379）；

接下來，敵方又用其右拳向我上盤攻來（圖2-380）；

我快速做出反應（圖2-381）；

圖2-378

圖2-379

圖2-380

圖2-381

圖 2-382

我用左手由敵方的手臂外側去拍擊其右前臂（圖 2-382）；

我在用左手拍擊防禦的同時，右手須同步進行良好的防護（圖 2-383）；

我用左手快速地拍擊動作來破壞掉敵方的右拳重擊動作（圖 2-384）；

隨後，敵方又再次用其左拳向我攻來（圖 2-385）；

圖 2-383

圖 2-384

圖 2-385

我迅速用左手由敵方的左手臂外側去進行向左側的格擋動作，此時我的左手心是向下的（圖2-386）；

我左手繼續向左側格擋敵方的左前臂（圖2-387）；

圖2-386

我用左手快速反抓敵方的左手臂（圖2-388）；

我左手在抓牢敵方的左手臂後，須適當用力後拉（圖2-389）；

圖2-387

圖2-388

圖2-389

圖 2-390

緊接著，我須立即將右腳向前方移動，創造最佳的反擊距離與時機（圖 2-390）；

我在左手繼續用力後拉敵手臂的同時，立即將左腳與右掌向前方攻出（圖 2-391）；

圖 2-391

我是以右側掌（手心向前）與左橫踹腿同時由最短的路線向前方攻出的（圖 2-392）；

我在右掌與左腿同步攻出時，右支撐腳的站立須穩固（圖 2-393）；

圖 2-392

圖 2-393

我的右掌狠狠擊中了敵方的面部要害處，並同時用左腳重重踢中了敵方的前腿膝關節（圖 2–394）；

我的右掌與左腳須充分發揮強勁的瞬間爆炸力去重擊，也就是以雙管齊下的打擊動作令敵方防不勝防而中招落敗（圖 2–395）。

圖 2–394

圖 2–395

【單人動作練習】

我由正身馬開始（圖 2–396）；

我先將右手由中線向前伸出（圖 2–397）；

圖 2–396

圖 2–397

圖 2-398

圖 2-399

圖 2-400

圖 2-401

我開始將右手向左側進行拍擊（圖 2-398）；

接下來，我又開始將左手向前方伸出（圖 2-399）；

我將左手向右側進行拍擊（圖 2-400）；

我將左手向右側拍至定位（圖 2-401）；

接下來，我將左手向上抬起，此時左手心是向下的（圖 2-402）；

我將左手向左側快速擋出（圖 2-403）；

我在將左手向左側擋出時，右手須同步進行良好的防護（圖 2-404）；

圖2-402

圖2-403

圖2-404

圖2-405

圖2-406

　　隨後，我用左手抓握敵方手臂（圖2-405）；

　　我在左手抓握並後拉敵方手臂的同時，快速將右腳向前移步（圖2-406）；

圖 2-407

然後，我將左腳向前方提起並開始攻出（圖 2-407）；

圖 2-408

我在左腿向前方攻出時，右腳的站立須穩固（圖 2-408）；

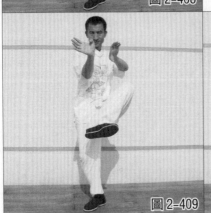

圖 2-409

我是右掌與左橫踹腿同時向前方攻出的（圖 2-409）；

圖 2-410

我在上、下肢同步攻出時，須與呼氣進行配合（圖 2-410）；

我的右掌與左腿須沿最簡短的路線向前方快速攻出，而且用的是短促的瞬間爆發力，去進行閃電般地快速打擊（圖2-411）。

（圖 2-412、2-413）是我最後的左掌攻敵上盤與右腳向下橫踹敵方腿部時的側面示範動作。

【技術要點】

1. 我的右手拍擊、左手拍擊與左手左擋敵方手臂的動作要快、要敏捷，動作幅度恰到好處。

2. 我接下來的左手反抓以及後拉敵方的左手臂要快速、連貫、有力，右掌狠擊敵方的面部與左橫踹腿重擊其下盤須協調、快速、強勁。

3. 我在發動上下肢同步出擊的「立體攻擊」時，支撐腳要穩固，而且打擊時發力要短脆，要快打快收。

4. 我在進行最後的決定性打擊動作時，須與呼氣進行配合。

圖 2-411

圖 2-412

圖 2-413

六、拍手、拍手、拉手格擋／下踹、沖拳 重擊

(一)右側動作示範

【實戰動作要領】

我由正身馬開始（圖2-414）；

敵方先揮右拳向我攻來（圖2-415）；

圖2-414

圖2-415

我立即用左手向內側拍擊敵方的右前臂外側（圖2-416）；

我左手輕快地拍擋擊動作，必會破壞敵方的用力與攻擊方向（圖2-417）；

接下來，敵方又用其左拳向我上盤攻來（圖2-418）；

我須立即做出反應（圖2-419）；

我快速用右手由敵方的手臂外側去拍擊其左前臂（圖2-420）；

我用右手的快速的拍擊動作來破壞掉敵方的左拳重擊（圖2-421）；

圖 2-416　　　　　　　　圖 2-417

圖 2-418　　　　　　　　圖 2-419

圖 2-420　　　　　　　　圖 2-421

圖2-422

圖2-423

隨後，敵方又再次用其右拳向我攻來（圖2-422）；

我迅速用右手由敵方的右手臂外側向右側格擋，此時我的右手心是向下的（圖2-423）；

我右手繼續向右側格擋敵方的右前臂（圖2-424）；

我用右手快速反抓敵方右手臂（圖2-425）；

圖2-424

圖2-425

我右手在抓牢敵方的右手臂後，須立即將左腳向前方移動，來創造最佳的反擊距離與時機（圖2-426）；

圖2-426

我右手繼續用力後拉敵方的手臂（圖2-427）；

我迅速將左腳與左拳向前方同步攻出（圖2-428）；

我以左沖拳與左下踹腿（或稱下踩腿）同時由最簡短的路線向前攻出（圖2-429）；

圖2-427

圖2-428

圖2-429

圖 2-430

我在左拳與左腿同時攻出時，右支撐腳的站立須穩固（圖 2-430）；

我的左拳狠狠擊中了敵方的頭部要害處，同時用左腳重重向下踹中了敵方的膝關節後側（圖 2-431）；

圖 2-431

我的左拳與右腳須充分發揮強勁的瞬間爆炸力去重擊，令敵方防不勝防而中招落敗（圖 2-432）。

【單人動作練習】

我由正身馬開始（圖 2-433）；

圖 2-432

圖 2-433

我先將左手由中線向前伸出（圖 2-434）；

我開始將左手向右側進行拍擊防禦（圖 2-435）；

我又開始將右手向前伸出（圖 2-436）；

我將右手向左側進行拍擊防禦（圖 2-437）；

圖 2-434

圖 2-435

圖 2-436

圖 2-437

圖 2-438

圖 2-439

圖 2-440

圖 2-441

我將右手向左側拍至定位
（圖 2-438）；

接下來，我將右手向上抬
起，此時右手心向下（圖 2-
439）；

我將右手向右側快速擋出
（圖 2-440）；

隨後，我開始用右手抓握
敵方手臂（圖 2-441）；

我在右手抓握並後拉敵方手臂的同時，快速將右腳向前方移步（圖 2-442）；

然後，我將左腳向前方提起並開始攻出（圖 2-443）；

我左腿向前攻出時，右腳站立須穩固（圖 2-444）；

我的左沖拳與左下踹腿同時向前攻出（圖 2-445）；

圖 2-442

圖 2-443

圖 2-444

圖 2-445

圖2-446

圖2-447

我在上、下肢同時攻出時，須與呼氣進行配合，用的是短促的瞬間爆發力閃電般地快速打擊（圖2-446）。

（圖2-447、2-448）是我最後的左拳攻敵上盤與左下踹腿攻擊敵方的膝關節時的側面示範動作。（圖2-449）是我同時進行上、下肢攻擊時的另一個角度示範。

【技術要點】

1. 我的左手拍擊、右手拍擊與右手右擋敵方手臂的動作要快、要敏捷，動作幅度要恰到好處。

2. 接下來的右手反抓以及

圖2-448

圖2-449

後拉敵方的右手臂要快速、連貫，左拳狠擊敵方的面部與左腳下踹其下盤須協調、快速、強勁。

3. 我在發動上下肢同步出擊的立體攻擊時，支撐腳要穩固，打擊時發力要短脆，快打快收。

4. 我在進行最後的決定性打擊動作時，須與呼氣進行配合。

(二)左側動作示範

【實戰動作要領】

我由正身馬開始（圖2-450）；

敵方先揮左拳向我攻來（圖2-451）；

我立即用右手由敵方的手臂外側去向內側拍擊其左前臂（圖2-452）；

圖2-450

圖2-451

圖2-452

圖 2-453

圖 2-454

我右手輕快地拍擊動作，破壞了敵方的用力與攻擊方向（圖2-453）；

接下來，敵方又用其右拳向我上盤攻來（圖2-454）；

此時我須用雙手嚴密防護（圖2-455）；

我快速用左手由敵方的手臂外側拍擊其右前臂（圖2-456）；

圖 2-455

圖 2-456

我用左手的快速拍擊動作破壞敵方的重擊動作（圖2-457）；

圖2-457

隨後，敵方又再次用其左拳向我攻來（圖2-458）；

我迅速用左手由敵方的左手臂外側去進行向左側的格擋動作（圖2-459）；

圖2-458

我左手繼續向左側格擋敵方的左前臂（圖2-460）；

圖2-459

圖2-460

圖 2-461

圖 2-462

圖 2-463

圖 2-464

　　我用左手快速反抓敵方的左手臂（圖 2-461）；

　　我左手在抓牢敵方的左手臂後，須用力後拉敵方的手臂（圖 2-462）；

　　我立即將左腳向前方移動，創造最佳的反擊距離與時機（圖 2-463）；

　　我迅速將右腳與右拳向前方攻出（圖 2-464）；

我是右拳與右下踹腿（或稱下踩腿）同時由最短的路線向前方攻出的（圖 2-465）；

我在右拳與右腿同時攻出時，右支撐腳的站立須穩固（圖 2-466）；

我的右拳狠狠擊中了敵方的頭部致命要害處，並同時用右腳重重向下踹中了敵方的膝關節後側空檔處（圖 2-467）；

我的右拳與右腳須充分發揮強勁的瞬間爆炸力去重擊，令敵方防不勝防而中招落敗（圖 2-468）。

圖 2-465

圖 2-466

圖 2-467

圖 2-468

圖 2-469

圖 2-470

【單人動作練習】

我由正身馬開始（圖 2-469）；

我先將右手由中線向前伸出（圖 2-470）；

我將右手向左側進行拍擊防禦（圖 2-471）；

我又將左手向前方伸出（圖 2-472）；

我將左手向右側進行拍擊防禦（圖 2-473）；

我將左手向右側拍至定位（圖 2-474）；

圖 2-471

圖 2-472

圖 2-473　　　　　　　圖 2-474

圖 2-475　　　　　　　圖 2-476

接下來，我將左手向上抬起，此時左手心向下（圖 2-475）；

我將左手向左側快速擋出（圖 2-476）；

我在將左手向左側擋出時，右手須進行良好的防護（圖 2-477）；

圖 2-477

圖 2-478

圖 2-479

隨後，我開始用左手抓握敵方的手臂（圖 2-478）；

我在左手抓握並後拉敵方手臂的同時，快速將左腳向前方移步（圖 2-479）；

然後，我將右腳向前方提起並開始攻出（圖 2-480）；

我在右腿向前方攻出時，左腳的站立須穩固（圖 2-481）；

我是右沖拳與右下踹腿同時向前方攻出的（圖 2-482）；

我在上、下肢同時攻出時，須與呼氣進行配合，用的是短促的瞬間爆發力，進行閃電般的快速打擊（圖 2-483）。

圖 2-480

圖 2-481

圖 2-482

圖 2-483

圖 2-484

圖 2-485

（圖 2-484、2-485）是我最後的右沖拳攻敵上盤與右下踹腿攻擊敵方膝關節時的側面示範動作。

（圖 2-486）是我同時進行上、下肢攻擊時的另一個角度示範。

圖 2-486

【技術要點】

1. 我的右手拍擊、左手拍擊與左手左擋敵方手臂的動作要快、要敏捷，動作幅度恰到好處。

2. 我接下來的左手反抓以及後拉敵方的手臂要快速、連貫，右拳狠擊敵方的面部與右腳下踹其下盤須協調、快速、強勁。

3. 我在發動上下肢同時出擊的立體攻擊時，支撐腳要穩固，打擊時發力要短脆，快打快收。

4. 我在進行最後的決定性打擊動作時，須與呼氣進行配合。

（**註**：有關手法與腳法去配合攻擊的戰例還有很多，在此僅介紹幾個具有代表性的實例進行練習，因爲武術的修習原則是貴精不貴多）。

詠春拳街頭防衛術
訓　練

這裏所講解的街頭防衛術格鬥技巧可能與傳統的詠春拳格鬥技術略有不同，因為它是拋開「師兄弟間對拆」的默契配合的模式，而去直接仿真如何面對在街頭上的被襲擊的境況來進行訓練，因此，它具有更強的針對性。

也可以說本章的內容所練習的並非僅是以詠春拳來應對詠春拳，而是針對街頭格鬥中常見的攻擊模式而運用詠春拳的技術與風格去進行應對，所以如能熟練運用，必會大大提升自己的格鬥實力與水準，更可用來應付一般的突然襲擊。

根據街頭上的具體攻擊模式，可具體分為以下幾個類型去詳細講解，即如何應對敵方的拳法攻擊、如何應對敵方的腿法攻擊、如何應對敵方的俯衝與摟抱攻擊、如何應對敵方的抓握與纏抱攻擊、如何應對敵方的短棍攻擊、如何應對敵方的短刀攻擊，現分別講解如下，僅供參考。

第一節　應對敵方拳法攻擊的自衛技巧

人的拳頭是最原始、最實用，同時也是最具破壞力的攻擊武器，所以，做為一個習武首先要面對的一個自衛課題，就是如何去有效地防衛敵方的拳法重擊。

一、敵方右拳重擊／我右正蹬腿直接迎擊敵方

我（著深衣褲者）由正身馬開始（圖 3-1）；

敵方先揮其右直拳或右擺拳向我的面部攻來，我則靜觀其變（圖 3-2）；

圖 3-1

圖 3-2

圖 3-3

圖 3-4

　　我的雙手須於體前進行嚴密的防護（圖3-3）；

　　一旦敵方進入我的有效踢擊範圍，我便立即將右腳向前方上提起並攻出（圖3-4）；

　　我是在上肢防護良好的基礎上，果斷將右腿攻向敵方的腹部要害處的（圖3-5）；

圖 3-5

圖 3-6

圖 3-7

我的右腳準確地踢中了敵方身體正面要害處（圖 3-6）。

（圖 3-7）為我運用正蹬腿進行高位踢擊時的示範動作，在實戰中雖然我們不提倡使用高位腿法，但不是不能用，而是擇機而用。

【技術要點】

1. 我的反應須快，起右腳要突然。

2. 我用瞬間的爆炸力去果斷地狠踢，快踢快收。

3. 我起腿踢擊須與呼氣進行配合，支撐腿須穩固。

4. 我須由最簡短的路線進行快速踢擊，用來節省攻擊時間與距離，從而最大限度地提升踢擊的命中率。

二、敵方右拳重擊／我右手外擋／擒臂後拉

我（著白上衣者）由正身馬開始（圖 3-8）；

敵方先揮其右直拳或右擺拳向我面部攻來，我迅速做出反應（圖 3-9）；

我立即用右手向右側橫擋敵方的右手臂外側（圖 3-10）；

圖 3-8　　　　　　圖 3-9

圖 3-10　　　　　　圖 3-11

　　接下來，我迅速用右手反抓其右手腕，並用力後拉，同時將左足向左前方移動，進入敵方的「死角」（也就是敵方的盲區），因為此處最利於我進行反擊（圖 3-11）；

　　我同時也用左手抓牢敵方右肘處（圖 3-12）；

圖 3-12

圖 3-13

圖 3-14

圖 3-15

圖 3-16

隨後，我在將右腳迅速向右後方移動的同時，雙手同時用力向右後方牽動敵方右臂（圖 3-13）；

迫使敵方失去重心平衡（圖 3-14）；

將敵重重摔倒於我的右側地面上（圖 3-15）。

（圖 3-16～20）是本招法的一種戰術發揮，也就是在我用雙手抓牢敵方的右臂後，仍用力向右後方牽拉敵方的右臂，使敵方失去重心平衡而猛然前衝，然後再在用左手牢牢控制住其右臂的同時，借敵前

圖 3-17　　　　　　　　　　　圖 3-18

圖 3-19　　　　　　　　　　　圖 3-20

衝之勢，將右拳重重擊向敵面部要害處，給予其決定性打擊。

【技術要點】

1. 我的右手格擋與反抓敵右腕要快，並須與左腳向左前方移動的動作配合好。

2. 我右腳後撤要快、動作要穩固，我雙手向右後方牽拉敵方右臂的動作要迅猛，並須與腳下的移動配合好，整套動作須流暢一氣呵成。

三、敵方右拳重擊／我右閃／我三拳連擊

我（著深衣褲者）由正身馬開始（圖3-21）；

敵先揮其右手重拳向我面部攻來（圖3-22）；

我迅速將右足向右前方進行閃轉與移動，避開敵方的正面鋒芒，並進入敵方的死角（圖3-23）；

我在右閃並移步的同時，立即將右拳打向敵方的頭部或面部左側空檔處（圖3-24）

圖3-21

圖3-22

圖3-23

圖3-24

我在用左手向左側擋開敵方右拳的同時，右拳準確的打中了敵方的上盤要害處（圖3-25）；

接下來，我連續將左拳重重攻向敵方上盤（圖3-26）；

我左拳迅猛地擊中了敵方頭部或面部要害處（圖3-27）；

隨後，我在向前方移步並貼近對手的同時，再果斷將右沖拳攻向敵方上盤（圖3-28）；

圖 3-25

圖 3-26

圖 2-27

圖 3-28

圖 3-29

我的右拳強勁有力地擊中了敵方的面部或下巴等要害處，給予敵方以決定性打擊（圖 3-29）。

【技術要點】

1. 我向右前方的閃避動作要快，右腳落步要穩固，因為它還要為接下來的右拳重擊提供穩固的支撐，或者說要為出拳提供必要的動力。

2. 左手外擋敵右手臂的動作還須與右腳向右側移步的動作配合好。

3. 我的「三拳連擊」要果斷、迅速、強勁、連貫，要用「瞬間的爆炸力」去進行有效重擊。

四、敵方右拳重擊／我快速沖前／我三拳連擊

我由正身馬開始（圖 3-30）；

敵方先揮其右直拳或右擺拳向我面部攻來（圖 3-31）；

由於敵方的右手臂揮擊幅度較大，所以我須迅速將右腳向前方進步，用以直破橫的策略迎擊對手（圖 3-32）；

在敵方的右拳攻來之前，我即短又快的右沖拳早已搶先打中了敵方的面門空檔處，這叫以快打慢或後發先至（圖 3-33）；

圖 3-30　　　　　　圖 3-31

圖 3-32　　　　　　圖 3-33

接下來，我在繼續向前方移步並充分貼近對手的同時，又連續攻出了左拳（圖 3-34）；

圖 3-34

圖 3-35

圖 3-36

圖 3-37

我的左拳也重重擊中了敵方面部（圖 3-35）；

隨後，不待敵方退出我的有效打擊範圍，我又將右拳果斷攻向敵方的上盤要害處（圖 3-36）；

我的右拳強勁有力地擊中了敵方的面部，給予敵方以強有力的打擊（圖 3-37）。

【技術要點】

1. 我須看準時機，反應須快，此時敵方的的拳頭力量雖大，但是其運行的距離太遠，是典型的街頭式的攻擊模式，而我用的則是「短而快」的招式，因此，打擊的力量可能不是很大，但是，命中率卻會很高，因為我佔有距離上的絕對優勢，我的原則是「用距離目標最近的武器去攻擊最近的目標」。在此，右腳能否及時向前方上步搶攻，是成功的關鍵所在，因為只有充分地貼近了對手，我的連環快拳才有用武之地，就是以短克長來變被動為主動。

2. 我的「三拳連擊」要果斷、連貫、強勁，要用瞬間爆炸力去進行有效地連續重擊。

第二節　應對敵方腿法攻擊的自衛技巧

由於詠春拳的防禦手法極為嚴密，同時又兼具科學性，因此，在防禦敵方的腿法攻擊時有過人之處，由於如何防禦敵方的橫掃踢之類的重型踢法在前面的章節中已講解過了，在此僅講解如何去應對敵方的直線型腿法的攻擊，例如，如何防範在街頭格鬥中常見的正蹬腿的攻擊等，因為正蹬腿是不需要攻擊者有基本功便能有效攻出的腿法，所以很有必要對此進行專門研習。

一、敵方右腿重踢／右手外擋敵腿／進步三拳連擊

我由正身馬開始（圖 3-38）；

敵方搶先發起攻擊，並用其強有力的正蹬腿來進攻（圖3-39）；

敵方正蹬腿的攻擊目標是我的中盤（圖 3-40）；

我在迅速將左腳向左側移步以避開敵方鋒芒的同時，立即將右手向右下側擋向敵方的右腿外側（圖 3-41）；

我的右手之短促有力地格

圖 3-38

圖 3-39　　　　　　　　圖 3-40

圖 3-41　　　　　　　　圖 3-42

圖 3-43

擋與化解動作，必定會影響敵
方的重心平衡（圖 3-42）；

接下來，我須迅速將右腳
向前方進步，要學會用右腳去
控制敵方的重心，並同時果斷
地向前方攻出右沖拳（圖
3-43）；

我在充分貼近對手的同時，右拳早已狠狠擊中了敵方的面門（圖3-44）；

接下來，我在繼續向前方移步的同時，又連續攻出了左拳（圖3-45）；

圖3-44

我的左拳有效地擊中了敵方的面部要害處（圖3-46）；

隨後，不待敵方退出我的有效打擊範圍，我早已在用左手控制住敵方右臂的同時，再次將右拳閃電般攻向敵方的上盤（圖3-47）；

圖3-45

圖3-46

圖3-47

圖 3-48

我的右拳重重擊中了敵方的面部要害處，給予其決定性打擊（圖 3-48）。

【技術要點】

1. 我右手向下擋擊敵方右腿的動作要快、要及時。

2. 我右腳向前方衝擊的動作要連貫、敏捷，要去充分貼近對手，為連續出拳重擊創造先機。

3. 我的「三拳連擊」要快速、連貫、強勁，發力要短脆，並須與向前方進步的動作配合好。

二、敵方右腿重踢／左手外擋敵腿／側面三拳連擊

我（著白褲者）由正身馬開始（圖 3-49）；

敵方搶先用其強有力的正蹬腿來進攻（圖 3-50）；

圖 3-49　　　圖 3-50

敵方的正蹬腿仍攻向我的中盤（圖3-51）；

我速將用左手向左側格擋向敵方的右腿內側（圖3-52）；

我還須有順勢向外側牽拉敵腿的動作，用來化解敵方的攻擊並破壞其重心平衡（圖3-53）；

接下來，我迅速將右腳向右前進步，同時將右拳攻向敵面部空檔處（圖3-54）；

圖 3-51

圖 3-52

圖 3-53

圖 3-54

圖 3-55

圖 3-56

圖 3-57

我移至敵方的左前方位置，並用右沖拳狠狠擊中了敵方的面門（圖3-55）；

隨後，我在繼續向前方移步的同時，又連續將左拳準確地擊中了敵方的上盤要害處（圖3-56）；

不待敵方退出我的有效打擊範圍，我的右拳又強勁有力地擊中了敵方的上盤，給予其決定性打擊（圖3-57）；

【技術要點】

1. 我左手下擋敵方右腿的動作要快，同時右手須進行嚴密的防護。

2. 我右腳向右前方移進的動作要及時、敏捷，它是為接下來重拳連擊做準備的。

3. 我的「三拳連擊」要快速、連貫、強勁，發力要短脆。

第三節　應對敵方俯衝與摟抱攻擊 的自衛技巧

在街頭巷戰中，最令人頭痛的是面對那些身體強壯且攻擊又毫無規律可循的對手，因為這種對手會伺機近身進行纏鬥，這也是令不少武術家較為頭痛的打法，因為雙方一旦糾纏在一起，則己方的很多技、戰術就發揮不出來了，而狂徒們就是不想讓你將應有的技術水準發揮出來。所以，面對這種死纏爛打的戰法，平時就需進行有針對性地防衛訓練，以備不時之需。

一、敵正面俯衝過來／我連環拳迎擊其面部

我（著白上衣者）由正身馬開始（圖3-58）；

敵方突然彎腰俯衝過來，欲進行纏抱，我立即做出反應，果斷地將左拳擊向其面部（圖3-59）；

圖3-58　　　　　　圖3-59

我左拳準確地擊中了敵方的面門（圖3-60）；

接下來，我又繼續向敵方的面部攻出了右拳（圖3-61）；

我的右拳狠狠擊中了敵方的面部要害處，給予其決定性打擊（圖3-62、63）。當然，我還可視情況再決定是否發起其他連續打擊的動作。

【戰術發揮】

作為一種對付低位俯衝之敵的有效的直接打擊性技術，我也可在計算準距離後，直接起右腳果斷地蹬擊敵方的面門要害處（圖3-64～69），從而「一擊制勝」。

圖3-60

圖3-61

圖3-62

圖3-63

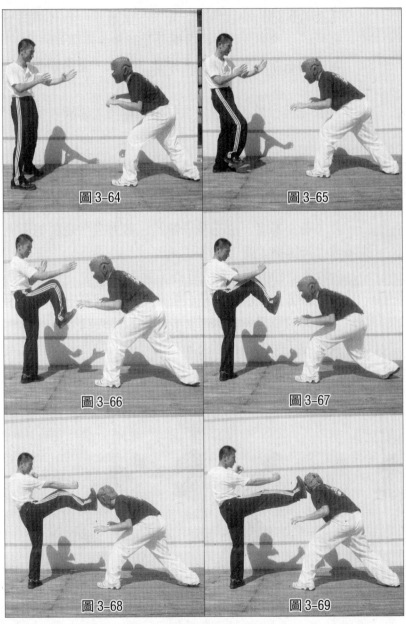

圖 3-64

圖 3-65

圖 3-66

圖 3-67

圖 3-68

圖 3-69

【技術要點】

1. 我的反應要快，左拳打擊要及時、準確與強勁。

2. 我的右拳攻擊要連貫、果斷、迅猛，整套動作一氣呵成。

3. 我在進行最後的決定性打擊動作時，須與呼氣進行配合。

二、敵方正面俯衝過來／我左手按其頭／右勾拳重擊其面部

我（著白褲者）由正身馬開始，敵方突然彎腰俯衝過來，欲進行纏抱（圖 3-70）；

我則須立即捕捉有利的戰機（圖 3-71）；

一旦敵方進入了我的有效打擊範圍，我便迅速用左手控制住敵方的頭部，並準確攻出右拳（圖 3-72）；

我在左手用力下按敵方頭部的同時，右上勾拳也已重重攻向敵方的面部（圖 3-73）；

圖 3-70　　　　　　　　圖 3-71

圖 3-72

圖 3-73

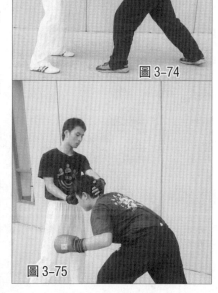

圖 3-74

　　我的右拳準確地擊中了敵方面門要害處，給予其決定性打擊（圖 3-74）。

　　（圖 3-75）為本動作的另一個角度示範，應在呼氣的同時將右上勾拳重重打出。

【技術要點】

　　1. 反應要快，左手按壓敵方頭部或右肩要及時、準確，這是本招得以成功實施的關鍵。

　　2. 我的右上勾拳重擊要果斷、迅猛，並須與左手向下按壓敵方頭部的動作配合好，整套動作須於瞬間完成。

圖 3-75

三、敵方正面俯衝過來／我左手按其頭／右肘橫擊其頭部

我由正身馬開始，敵方突然俯衝過來，欲進行纏抱（圖 3-76）；

我則須快速做出反應（圖 3-77）；

我迅速用左手牢牢控制住敵方的頭部或後頸部（圖 3-78）；

接下來，我快速將右橫擊肘攻向敵方的頭部右側空檔處（圖 3-79）；

我的右橫擊肘準確地擊中了敵方頭部右側要害處（圖 3-80）。

圖 3-76

圖 3-77

圖 3-78

圖 3-79　　　　　　　　　　　　　圖 3-80

【技術要點】

1. 我的反應要快，左手向下按壓敵方的頭部或後頸的動作要及時、準確，這是本招法成功的關鍵。

2. 我的右橫擊肘重擊要準確、果斷、迅猛，並須與左手向下按壓敵方頭部的動作配合好，整套動作須於瞬間完成。

3. 我在將右橫擊肘攻出時，須與呼氣進行配合，提升打擊威力。

四、敵方正面俯衝／我按肩膝撞／右肘下砸敵背

我由正身馬開始，敵方突然彎腰俯衝過來，欲進行纏抱（圖 3-81）；

敵方的衝擊速度極快，已即將接近我的身體（圖 3-82）；

我借敵衝勢迅速用雙手牢牢控制住敵方的兩肩（圖

圖 3-81

圖 3-82

圖 3-83

圖 3-84

圖 3-85

3-83）

　　接下來，我在雙手猛力後拉敵方兩肩的同時，快速將右膝撞向敵方的腹部或胸部空檔處（圖 3-84）；

　　我右膝準確地撞中了敵方的身體正面要害處，給予其強力重擊（圖 3-85）；

圖 3-86

圖 3-87

為了最終制服對手，我可用雙手繼續用力下壓與下拉敵方的上體（圖 3-86）；

我迅速將右肘向上揮起，用來蓄力（圖 3-87）；

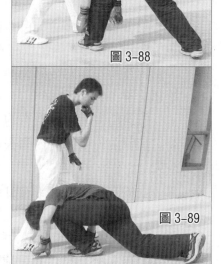

圖 3-88

隨後，我再將右肘向下狠狠砸向敵方後背要害處，給予其決定性打擊（圖 3-88）；

將敵方擊倒在地（圖 3-89）

【技術要點】

1. 我的反應要快，雙手向下按壓敵方的兩肩要及時，接下來還須有兩手用力下拉其兩肩的動作。

2. 我的右膝前頂要果斷、

圖 3-89

迅猛，並須與雙手向下按壓敵方肩部的動作配合好。

3. 右肘下砸敵方的後背要連貫、強勁、乾脆，整套動作須於瞬間完成。

第四節　應對敵方抓握與纏抱攻擊的自衛技巧

前面第三節所講解的內容是在敵方尚未完成貼身的情況下應用的技巧，而在本節中則主要講述與探討敵方已經貼身，並且抓住了或控制住了我的某個部位時的反制技巧。因此，這種情況下也將更加危急，對我的反應要求也更高，相對應的其實際的應用效果也會更加明顯。

一、敵左手抓我右衣領／我左手按其手／右前臂狠撞其肘部背側

我（著深衣褲者）自然站立，敵方突然貼近，並用其左手抓住了我的右胸部或右衣領時（圖3-90）；

我在將左肩向後側閃轉快速轉身的同時，將雙手向上抬起（圖3-91）；

迅速用左手按住敵方的左手以防其抽脫的同時，立即將右前臂由外側而向內側去格擊敵方的左臂之背側處（圖3-92）；

我的右前臂重重擊中了敵方的左肘之背側處（圖3-93）；

對敵方的右肘產生最大的破壞作用（圖3-94）。

（圖3-95）是作為一種戰術發揮，也就是用左手控制

圖 3-90　圖 3-91　圖 3-92　圖 3-93　圖 3-94　圖 3-95

住敵方的左手腕，同時將右前臂用力向下打擊或格壓敵方的左肘之背側處，從而形成穩固的擒拿動作。

【技術要點】

1. 我的反應要快，雙手上抬要及時。

2. 我的左手按壓敵方的左手要準確、快速；右前臂向內側擋擊敵方的左肘背側處要迅猛，並幾乎是與左手按壓敵方左手的動作同步進行的，而不給敵方進行反應的時間。

二、敵方雙手抓我兩肩／我雙手上拍其臂／ 右腳正蹬其腹部

我自然站立，敵方突然貼近，並用其雙手抓住了我的兩肩時（圖 3-96）；

我立即將雙手向上抬起（圖 3-97）；

我迅速將雙手向上拍擊敵方的手臂之下側，也就是拍擊其兩肘關節處（圖 3-98）；

解脫掉敵方兩手的抓握或控制動作（圖 3-99）；

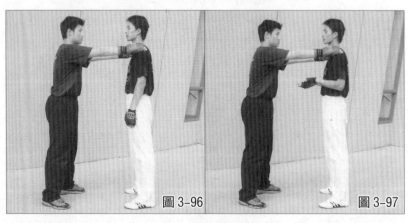

圖 3-96　　　　　　　圖 3-97

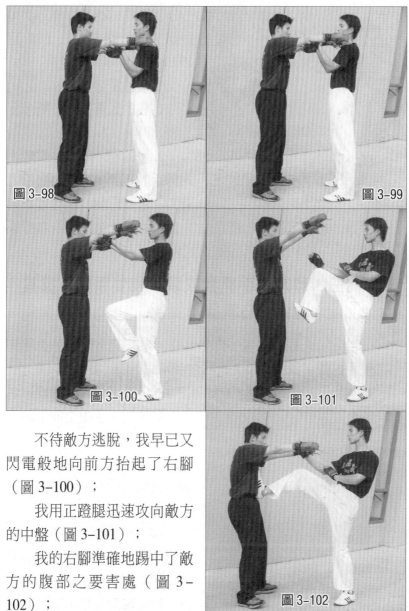

圖 3-98

圖 3-99

圖 3-100

圖 3-101

不待敵方逃脫，我早已又閃電般地向前方抬起了右腳（圖 3-100）；

我用正蹬腿迅速攻向敵方的中盤（圖 3-101）；

我的右腳準確地踢中了敵方的腹部之要害處（圖 3-102）；

圖 3-102

圖 3-103

我強勁的踢擊爆炸力必可將敵方向後踢飛出去（圖 3-103）。

【技術要點】

1. 我的反應要快，雙手上抬要及時。

2. 我的雙手向上拍擊敵方的兩手臂下側要準確、快速、有力；右正蹬腿向前方攻擊要準確、迅猛，並幾乎是在雙手上拍的同時便已經將右腳果斷踢出，迫使敵方無暇做出反應。

三、敵方雙手抓我衣領／我雙手鈎、擋其兩臂／右掌橫劈頸部

我（未戴頭盔者）自然站立，敵方突然貼近，並用其雙手抓住了我的衣領（或抓住我兩肩）時（圖 3-104）；

我迅速作出反應，立即將雙手向上抬起（圖 3-105）；

圖 3-104

我速用左手由上向下鈎壓敵方的右肘關節處，並同時將右手由敵方的兩臂內側而向右側橫擋敵方的左肘關節處（圖 3-106）；

接下來，我左手繼續下壓敵方右肘，並同時將右手適當用力而向右上側擋擊敵方的左肘，從而解脫掉敵方兩手的抓

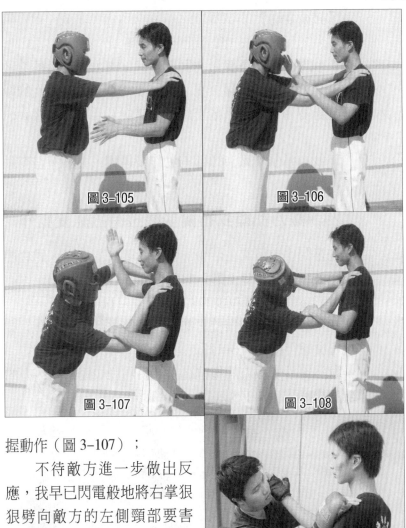

圖 3-105

圖 3-106

圖 3-107

圖 3-108

握動作（圖 3-107）；

　　不待敵方進一步做出反應，我早已閃電般地將右掌狠狠劈向敵方的左側頸部要害處，給予其強力重創（圖 3-108）。

　　（圖 3-109）為我右掌狠劈動作的另一角度示範。

圖 3-109

【技術要點】

1. 我的反應要快，雙手上抬要及時。

2. 我左手繼續下壓敵右肘要快速、有力，右手外擋敵方的左肘要敏捷、迅猛，雙手動作要協調（這一解脫的招法來於詠春拳中的木人樁套路），其中右手用力會略大一些。

3. 我右掌狠劈敵方頸部的動作要連貫、強勁，整套動作須流暢。

四、敵方抓握我右腕並後拉時的應變動作

在格鬥中或日常生活中，當我（著白上衣者）的右手腕被敵方突然抓住時（圖 3-110）；

敵方必會用力後拉我的右臂（圖 3-111）；

我可借用其用力拖拉之勢，迅速將右腳前移，準備順勢發起反擊行動（圖 3-112）；

我迅速借用敵方的拖拉之力，將右肘快速打向敵方的頭部空檔處（圖 3-113）；

圖 3-110　　　　圖 3-111

圖 3-112

圖 3-113

圖 3-114

我的右肘在敵方的意料之外而狠狠打中了其頭部或面部等要害處，給予其決定性打擊（圖3-114）。

【技術要點】

1. 反應要快，右腳向前方進步要迅速。

2. 右腳向前方落步要穩，右肘重擊敵方的頭部要準確、快速、兇猛，並與呼氣配合，最大限度地強化打擊威力。

五、敵方右手抓握我右腕／我右拳向上翻拉／左拳重擊敵面部

在格鬥中，敵方突然抓住我（著深褲者）的右手腕（圖3-115）；

我迅速將右手握成拳（圖3-116）；

圖 3-115

圖 3-116

圖 3-117

圖 3-118

我立即將右拳貼著敵方的右手臂外側而向上挑起（圖3-117）；

我右拳繼續向上挑拉，用來減輕敵方的抓握力度（圖3-118）；

此時，如果敵方還不放開其手，我則須在右臂猛力後拉的同時，立即將左拳閃電般地打向敵面部（圖3-119）；

我的左拳須由最簡短的路線快速打出（圖3-120）；

我的左拳重重中了敵頭部或面部要害處（圖3-121）；

隨後，不待敵方逃脫，我早已迅速將右腳向前方插入敵

方的中門，並用左手控制敵方的右臂，同時也將右掌狠狠打向敵方的面部（圖3-122）；

我的右掌準確地擊中了敵方的面部這一致命空檔處，給予其決定性打擊（圖3-123）；

圖 3-124

（圖 3-124）為我用右掌狠擊敵面部時的另一角度示範動作。

（圖 3-125～132）為本招法的完整動作的另一角度示範，所有的動作是相同的，唯動作角度不同，也就是仍是：右手握拳、上挑、後拉、左拳

圖 3-125

圖 3-126

圖 3-127

圖 3-128

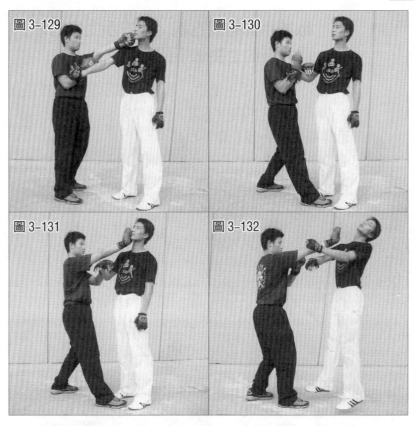

快速前攻、進右腳、再出右掌重擊。

【技術要點】

1. 我的反應要快，右拳向上挑拉要果斷、有力。

2. 我的右臂後拉要迅猛，左拳重擊敵方的面部及時、準確、強勁，左右手的動作要配合好。

3. 我進右腳以及用右掌狠擊敵方面部的動作雖然是用來擴大戰果的，但仍須連貫、有力、迅猛，不可脫節。

六、敵雙手抓握我右腕／我左手上拉右拳／ 同時右肘上挑敵下巴

在格鬥中或日常生活中，敵方突然用其雙手抓住我（著白褲者）的右手腕時（圖3-133）；

我速將左手上抬（圖3-134）；

我立即將左手由敵方的兩手臂中間插入（圖3-135）；

我迅速用左手抓住自己的右拳，準備向上拉起（圖3-136）；

我雙手同時用力向上拉起，也就是左手猛力將右拳向上拉起（圖3-137）；

我邊將雙臂向上拉起，邊將右肘由中線狠狠向上挑擊敵方的下巴（圖3-138）；

圖 3-133

圖 3-134

圖 3-135

我須儘量貼近敵方，並用右肘向上挑擊敵方的下巴（圖3-139）；

雖然我的右肘此時未必能擊中敵方的下巴，但敵方在這種情況下必定會快速放手而向後退出，那為我的目的也就達到了（圖3-140）。

【技術要點】

1. 我的反應要快，左手上拉自己的右拳要果斷、有力。

2. 為了強化右肘向上挑擊的效果，可邊將右肘上挑，邊同時將右腳向前方上步，用來加快敵方鬆手的速度。

七、敵方右手拍我右肩／我右腳快速後踢

在格鬥中或日常生活中，敵方突然由側面或後面用其右手拍或抓我的右肩時（圖3-141）；

我不用回頭看，因為一旦回頭看的話，必會遭致敵方對我面部的突然襲擊（圖3-142）；

我立即抬起右腳，準備向後方進行踢擊（圖3-143）；

圖3-141

圖3-142

圖3-143

圖 3-144

圖 3-145

圖 3-146

　　我向後方攻出右腳要果斷（圖 3-144）；

　　我的右腳須由最簡短的路線去敏捷地踢出（圖 3-145）；

　　我右腳準確的踢中了敵方的身體，給予其強力重擊（圖 3-146）。

【技術要點】

　　1. 我的反應要快，右腳後踢要果斷、迅速。

　　2. 我的右腳發力要短脆，要用瞬間的爆炸力去快速重踢，要快踢快收。

　　3. 為了最大限度地強化打擊威力，我在踢擊的同時須呼氣進行配合。

第五節　應對敵方抓抱我腿部的防衛技巧

在格鬥中當我出腿攻擊敵方被其抱住腿部時，或是敵方在突然貼身情況下來搶抱我腿部時，都可使我處於不利的境地，因為這樣不但會限制我腿技的發揮，而且還有可能會被敵方摔倒。

值得慶倖的是，詠春拳在對付敵方的抱腿方面還是比較有特色的，因為它有專門的應對技巧，也可以說是不怕對手抱腿，只要他來抱了就給我施展近距離的連環短拳重擊創造了機會。

一、敵方由身體側面抱我腿／我連環短拳重擊其頭部

在格鬥中，當我（著白上衣者）出腿攻擊敵方而被敵方抱住時，或是敵方俯身搶抱住我腿部時（圖 3-147）；

我迅速將右拳打其面部（圖 3-148）；

接下來，我在有意識將右腳回收並下落的同時，一邊將右拳收回，一邊將左拳狠狠打向其面部（圖 3-149）；

我的左拳以閃電般地速度重重打中了敵方的面部（圖 3-150）；

隨後，我的右腳繼續有意識下落，並同時將身體重心前壓，且將右肘突然重擊向敵方的頭部要害處（圖 3-151）；

我在右腳向下落穩的同時，右肘準確而迅猛地擊中了敵頭部空檔處（圖 3-152）。

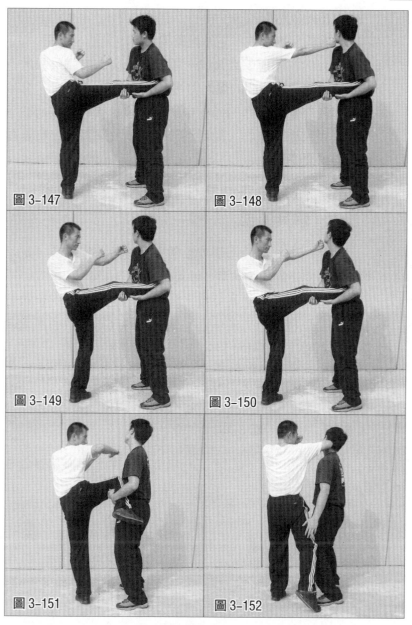

圖 3-147

圖 3-148

圖 3-149

圖 3-150

圖 3-151

圖 3-152

【技術要點】

1. 我的反應要快，右拳出擊要及時、果斷、迅速。

2. 我的左拳連擊要短脆、強勁，最後的右肘重擊敵方頭部的動作要用瞬間的爆炸力快速重擊。

3. 我在整個動作的過程中，右腳須繼續有意識地往下落穩，用來穩固重心，從而利於有效地反擊對手，整套動作須於瞬間完成。

二、敵方由正面抱住我腿／我連環短拳重擊其頭部

在格鬥中，當我出腿攻擊敵方而被敵方抱住時，或是敵方俯身由正面搶抱住我的小腿時（圖 3–153）；

不待敵方開始施展摔技，我早已迅速用右腳鈎牢敵方左腿，藉以穩固己方的重心平衡，同時立即向敵面部或頭部攻出右拳（圖 3–154）；

我的右拳狠狠擊中了敵方的上盤要害處（圖3–155）；

接下來，我在有意識將右腳回收並下落的同時，又將左拳準確打中了其頭部（圖 3–156）；

圖 3–153

這時我的右腳應儘量向下落穩（圖 3–157）；

最後，我的右拳又再次重重擊中了敵方的頭部（圖 3–158）；

將敵方擊倒在地（圖 3–159）。

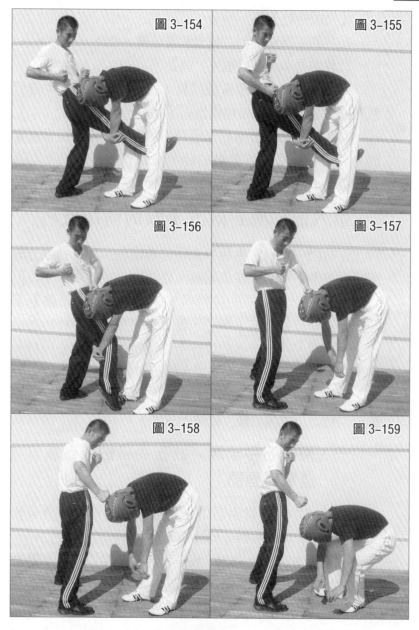

圖 3-154

圖 3-155

圖 3-156

圖 3-157

圖 3-158

圖 3-159

【技術要點】

1. 我的反應要快，右拳出擊要準確、及時、有力。

2. 我的左拳連擊要短脆、強勁。

3. 我最後的右拳重擊要連貫、迅速，可充分借助身體前壓的力量去最大限度地重創對手。

4. 我的右腳在整個動作過程中所起的作用是相當重要的，首先它要先鈎牢敵方的腿，藉以穩固己方的重心平衡；接下來則要有意識往下落，以便更有效地重擊對手。

第六節　應對敵方卡喉的防衛技巧

在格鬥中或日常生活中，經常會出現一方受到敵方的威脅而被敵方用手卡住了咽喉，雖然由一定的對抗手段可以解脫掉，但最重要的是我們首先一定要避免被敵方卡牢，因為一旦喉部被卡牢了，就算有再好的防衛技巧也用不上。所以，防範卡喉的最好方法就是與敵方設法保持一定的安全距離，使其沒有施展卡喉的機會。

記住，一旦敵方伸手卡喉，我便須於第一時間做出有效的反應，以免處於極度被動的狀態。

一、敵方右手卡喉／我左手裏拍／右掌重擊其面部

在格鬥中或日常生活中，當敵方突然伸右手來卡我（著白褲者）的咽喉時（圖3-160）；

不等敵方的右手卡牢，我早已將左手拍向其右手臂背側，改變其用力方向（圖3-161）；

我一邊用左手快速拍擊敵方手臂的背側用來減弱其攻

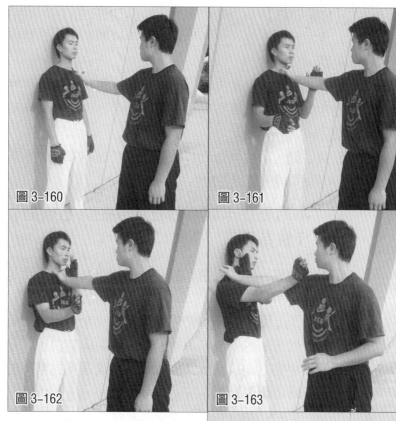

圖 3-160

圖 3-161

圖 3-162

圖 3-163

擊力度，同時還須立即將右掌
狠狠打向其面部或喉部要害處
（圖 3-162）；

　　我的右掌須由最短的路線
閃電般打出（圖 3-163）；

　　我的右掌重重擊中了敵方
的下巴空檔處（圖 3-164）。

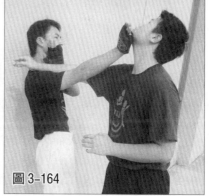

圖 3-164

【技術要點】

1. 我的反應要快，左手拍擊敵方手臂的動作一定要快速、果斷、有力。

2. 我的右掌反擊敵方的下巴要準確、短脆、兇猛，並須與左手向內側拍擊敵方手臂的動作配合好，整套動作須於瞬間完成。

3. 為了最大限度地強化打擊威力，我在右掌重擊敵方下巴的同時須與呼氣進行配合。

二、敵方右手卡喉／我左手裏拍／右標指 反擊其眼

在格鬥中或日常生活中，當敵方突然伸右手來卡我的咽喉時（圖3-165）；

我快速作出反應（圖3-166）；

我不待敵方的右手卡牢，早已用左手拍向其右手臂背側，改變其用力方向或減弱其力度，同時快速將右標指攻向敵方的眼睛（圖3-167）；

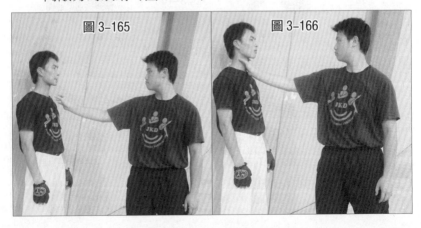

圖3-165　　圖3-166

圖 3-167

圖 3-168

圖 3-169

我須雙手同步做動作（圖3-168）；

我的右標指必須由最短的路線去快速擊中敵方的眼睛這一致命空檔處（圖3-169）。

【技術要點】

1. 我的反應要快，左手向內側的拍擊動作一定要快速、果斷、有力。

2. 我的右標指反擊敵方眼睛的動作要準確、及時、迅猛，並須與左手的向內側拍擊敵方手臂的動作配合好。

第七節　應對敵方短棍攻擊的防衛技巧

在格鬥中或日常生活中，短棍是最具威脅力的攻擊武器之一，因為它隨處可得，一些短的樹枝、水管、木條、鐵管等都可替代短棍來進行強力攻擊，而且這些簡易武器

的硬度與破壞力均相當大，因此必須小心去應對，以及用心去練習，因為僅就鐵棍來講，其硬度是我們的手臂練習10年或20年也無法抵擋的。然而，由巧妙的反擊技巧，則可有效地制服那些手持此類武器的狂徒。所以在任何體系的武術或自衛術中，基本上都有對付短棍攻擊的相關訓練，因為這是現實所需。

一、敵方雙手持棍斜劈／我右閃／格擋敵臂／右掌劈擊其喉

敵方手持短棍準備發起攻擊（圖 3-170）；

敵方突然用雙手將短棍揮起（圖 3-171）；

敵方將短棍劈向我的頭部的左側，我則須迅速向右前方進行閃避（圖 3-172）；

我在快速右閃的同時，立即用兩前臂下側去格擊敵方的手腕或兩前臂，用來減弱其攻擊的勢頭與力度（圖3-173）；而（圖 3-173-1）為我用雙前臂去格擊敵前臂時的另一個角度示範。

圖 3-170　　　　圖 3-171

圖 3-172

圖 3-173

接下來，我在迅速用左手抓牢敵方左手腕的同時，立即抬起左腳並開始攻向其下盤（圖 3-174）；

我在右掌狠狠劈中敵方咽喉或頸部的同時，左腳也準確地踢中了敵方的前腿之膝關節（圖 3-175）；

圖 3-173-1

圖 3-174

圖 3-175

圖 3-176　　　　　　圖 3-177

　　我的上、下盤同時進擊的技巧，必定會令敵方手忙腳亂無法應對（圖 3-176）；

　　將敵方快速擊倒在地（圖 3-177）。

【技術要點】

　　1. 我的反應要快，其中向右側的快速閃避動作是關鍵。

　　2. 我的前臂格擊敵方的手臂動作要準確、及時、迅猛，接下來的左手抓握敵方左手臂的動作要連貫。

　　3. 我的左腳向前橫踢敵方的前腿要果斷、有力，並須與左手後拉敵方的左手臂以及右掌橫劈敵方咽喉的動作配合好。

　　4. 我的整套動作須流暢、連貫，不可脫節。

二、敵方雙手持棍正劈／我右腳直接踢敵腹

　　敵方手持短棍準備發起攻擊（圖 3-178）；

　　敵方突然用正劈棍攻向我頭部（圖 3-179）；

　　我須迅速向前方移步貼近對手，並閃電般向其身體中部

圖 3-178

圖 3-179

圖 3-180

圖 3-181

圖 3-182

攻出右側踢腿（圖 3-180）；

　　我是在用右膀手來嚴密保護頭部的同時，迅速將右腳攻向敵方的身體中部空檔處的（圖 3-181）；

　　我的右腳準確踢中了敵方身體（圖 3-182）；

圖 3-183

我強勁的踢擊爆炸力必會使敵方失去重心平衡向後跌倒（圖 3-183）。

【技術要點】

1. 我的反應要快，向前方進步貼近對手時一定要快、要及時，要在對手將棍揮起的同時便已踢中其身體。

2. 我在向前方移步與起腳踢擊的同時，必須用右膀手來進行嚴密的防護。

3. 我的右腳須用瞬間的爆炸力去狠踢，發力要果斷，要快踢快收。

4. 為了最大限度的強化打擊威力，我在右腳重擊敵方腹部的同時須呼氣進行配合。

三、敵方雙手持棍正劈／我左腳向左移／右腳踢擊敵肋

圖 3-184

敵方手持短棍準備發起攻擊（圖 3-184）；

突然用正劈棍攻向我的頭部（圖 3-185）；

我迅速將左腳向左側移動，用來避開敵方的正面衝勢與鋒芒（圖 3-186）；

圖 3-185　　　　　圖 3-186

圖 3-187　　　　　圖 3-188

我在向左側閃避的同時，迅速將右腳抬起並攻出（圖3-187）；

我在敵方的右前側盲區，果斷地將右腳踢向敵方肋部這一致命要害處（圖3-188）；

我強勁的踢擊爆炸力必會使敵方橫跌出去（圖3-189）。

圖 3-189

【技術要點】

1. 我的反應要快，向左側移步要及時、敏捷，這是致勝的關鍵。

2. 我的右腳攻擊敵方的肋部要果斷，要由側面去巧妙地重踢敵方。

3. 我的右側踢（右側撐腿）須用瞬間的爆炸力去狠踢，發力要短脆，要快踢快收。

4. 為了最大限度地強化踢擊威力，我在右腳重擊敵方身體的同時須呼氣進行配合。

四、敵揮棍反抽／我前移／右手格擋及左拳反擊

敵方手中的短棍已揮至其頭部左側（圖 3-190）；

這時敵方必會反抽回來進行連續攻擊，其打擊目標將會是我的頭部右側（圖 3-191）；

我在迅速向前方移步去充分貼近對手的同時，立即用右手向右側擋擊敵手腕或前臂，破壞其攻擊力道與改變其攻擊路線（圖 3-192）；

我在將右腳前移的同時，迅速將左拳打向敵方的右側肋部這一致命要害處（圖 3-193）；

我的右拳準確地擊中了敵方肋部空檔處（圖 3-194）；

我的強勁爆炸力必會使敵方瞬即彈出（圖 3-195）。

【技術要點】

1. 我的反應要快，向前進步要及時；右手格擊敵手臂一定要快，我向前的進步動作必須與右臂格擋動作配合好，這是致勝的關鍵。

圖 3-190

圖 3-191

圖 3-192

圖 3-193

圖 3-194

圖 3-195

2. 我的左拳反擊要果斷、連貫、強勁，要用瞬間的短促打擊力去重擊對手的最薄弱處，而且還要跟右手快速後拉敵方右手臂的動作配合好；整套動作須於瞬間完成。

第八節　應對敵方短刀攻擊的防衛技巧

短刀是街頭格鬥中最危險的攻擊性武器，因為一旦遭其攻擊，無論是輕或重，其結果都同樣是致命的。所以這也是街頭防衛術中最關鍵的技術之一，要知道買一把刀太容易了，而要想抑制或挫敗其攻擊又好似太難了些，這必須要經過嚴格的訓練才可以應對自如。

一、敵持刀正面直刺／我右閃／左手格擋／右拳反擊敵面

敵方右手持刀準備發起攻擊（圖 3-196）；
敵方進右步右手持刀刺向我身體中部（圖 3-197）；
我尋找最佳的戰機（圖 3-198）；

圖 3-196　　圖 3-197

我迅速將右腳向右前側移動，避開敵方的正面衝勢與鋒芒，並同時用左手臂快速擋擊敵手臂內側，用來破壞與改變敵方的攻擊方向（圖3-199）；

　　我在將右腳迅速前移的同時，右拳早已重重擊中了敵方的面部空檔處（圖3-200）；

　　不待敵方後退，我早已用左手抓住了其右手臂（圖3-201）；

　　我快速將右掌向下狠擊敵方的右肘，迫使敵方完全鬆

圖3-198　　圖3-199　　圖3-200　　圖3-201

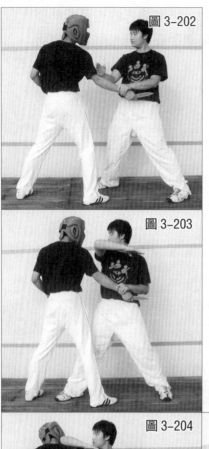

圖 3-202

圖 3-203

圖 3-204

圖 3-205

開其右手（圖 3-202）；

接下來，我再立即揮起右肘，目標是對手的頭部側面要害處（圖 3-203）；

我的右肘重重擊中了敵方的頭部右側空檔處（圖 3-204）；

給予敵方以決定性打擊（圖 3-205）。

【技術要點】

1. 我的反應要快，向右前方移步要及時、敏捷；左手向左側格擊敵方的手臂一定要快、要準，向右前方進步的動作還必須與左臂格擋的動作幾乎同步進行，這也是致勝的關鍵。

2. 我右拳反擊敵方面部的動作要果斷、準確、強勁，須在左手格擋的同時便已有效擊中敵方。

3. 我的右肘橫撞敵方的頭部要連貫、迅猛，發力要突然、短脆，整套動作一氣呵成。

二、敵持刀正面直刺／我左閃／右手格擋／左拳反擊敵面

敵方右手持刀準備發起攻擊（圖 3-206）；

敵方右手持刀並進右步向我的身體中部刺來（圖 3-207）；

圖 3-206

我捕捉最佳戰機（圖 3-208）；

我迅速將左腳向左前方移動，用來避開敵方的正面鋒芒，並同時用右手臂快速向右側擋擊敵右手臂外側，破壞與

圖 3-207　　　　　　　圖 3-208

圖3-209

圖3-210

圖3-211

圖3-212

改變敵方攻擊方向（圖3－209）；

我在左腳繼續向左前方迅速移動的同時，左拳早已以閃電般地速度攻向敵方的面部（圖3－210）；

我的左拳準確地擊中了敵面部空檔處（圖3－211）；

接下來，不待敵方後退，我已用左手抓住了其右手臂（圖3－212）；

我快速抬起右腳（圖3－213）；

我立即將右腳踹向敵方的前腿膝關節（圖3－214）；

我的右腳狠狠踢中了敵方的前腿膝關節要害處（圖3－

圖 3-213　圖 3-214

圖 3-215　圖 3-216

圖 3-217

215）；

　　此時，我並不將右腳收回，而是繼續用力貼住敵方的右腿並猛力踩下去（圖 3-216）；

　　我直至將敵方的右膝關節向下踩至地面為止，將敵方完全制服（圖 3-217）。

【技術要點】

1. 我的反應要快，向左前方閃避要及時、敏捷；右手向右側格擊敵手臂要快、要準，而且我向左前方進步必須與右臂格擋敵臂的動作幾乎同步進行。

2. 我的左拳反擊敵面部的動作要果斷、準確、迅猛，須在右手進行格擋的同時便已準確擊中了敵方。

3. 我的右腳橫踹敵方的膝關節以及連續下踩敵腿的動作要連貫、強勁，發力要突然、短脆。這是兩個用力方法完全不同的動作，不可忽略，即「踹—踩」一體化，不可脫節。

三、敵持刀正面下刺／我左閃／右手攔擋／左拳反擊敵面

敵方右手揮刀於頭上方，準備發起攻擊（圖 3–218）；

敵方進右步揮刀向我的上盤攻來（圖 3–219）；

我迅速將左腳向左前方進行移動，避開敵方正面鋒芒，

圖 3–218　　　圖 3–219

同時用右手由外側向右側捋擋敵方的手臂外側，破壞與改變敵攻擊方向（圖3-220）；

我的左腳繼續向左前方快速移動，進入安全區域（圖3-221）；

我在用右手抓牢敵方右手腕的同時，立即將左拳重重擊向敵方的面部空檔處（圖3-222）；

接下來，不待敵方後退，我早已又換手用左手抓住了敵右臂，並將右拳迅速擊向敵面部（圖3-223）；

圖3-220

圖3-221

圖3-222

圖3-223

圖 3-224

我的右拳準確而勁強地擊中了敵方的面部，給予其決定性打擊（圖 3-224）。

【技術要點】

1. 我的反應要快，向左前方閃避要及時、敏捷；右手向右側格擊敵手臂一定要快，而且格擊的路線要精確，不是由下向上擋，而是由右上方向下方進行快速格擋。

2. 我左拳反擊敵方的面部要果斷、迅猛。

3. 我的最後一拳重擊要突然、短脆，並須與左手抓握敵右手臂的動作配合好，整套動作一氣呵成。

詠春拳棍法旳基本功與基本攻防技術訓練

「六點半棍」是詠春拳兩大格鬥武器系統之一，棍法是詠春拳中難度最高的練習內容。由於篇幅所限以及考慮到自學者的實際情況，本書中先介紹棍法的基本功訓練與基本技術訓練，因為由瞭解得知，很多武術練習者都忽略了最重要的基本功的訓練，而去直接練習套路或實戰技術，這樣自然不會取得理想的效果。所以當我們按照書中所講的基本功去練習幾個月後，再去接著練習套路動作與實戰技術，自會水到渠成。

　　本章分兩部分：第一部分是講解棍法專項基本功的訓練，第二部分是講解基本實戰棍法的訓練。

第一節　棍法的基本功訓練

　　本節內容主要是訓練你的臂力與體會如何發力，並由此形成正確的動作定型，是進一步學好棍法的極為重要的一環。

一、撳棍（一）

　　這是棍法練習中最為重要的基本功之一，是體會發力的最重要的手段與環節，也是不可替代的訓練技巧。

　　【實戰動作要領】

　　練習時以詠春拳二字箝羊馬站好，目視前方，此時右手在前，左手在後，握住棍的後端，兩手前後間的距離約為一拳（圖4-1）；

　　兩手適當用力將棍向上拉起，此時長棍須與地面平行（圖4-2）；

圖 4-1　　圖 4-2

我在兩手將棍向上拉起時，下肢的站立須穩固（圖4-3）；

我兩手將棍由中心線向上拉起（圖4-4）；

直至將棍向上拉起至頸前位置，以上過程可吸氣（圖4-5）；

圖 4-3

圖 4-4　　圖 4-5

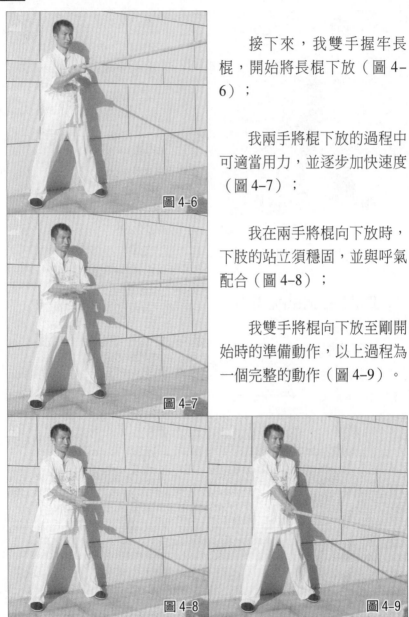

接下來，我雙手握牢長棍，開始將長棍下放（圖4-6）；

我兩手將棍下放的過程中可適當用力，並逐步加快速度（圖4-7）；

我在兩手將棍向下放時，下肢的站立須穩固，並與呼氣配合（圖4-8）；

我雙手將棍向下放至剛開始時的準備動作，以上過程為一個完整的動作（圖4-9）。

圖4-6

圖4-7

圖4-8

圖4-9

（圖 4-10～20）為本動作的另一個角度示範。其中（圖 4-10～14）是向上拉起的動作；而（圖 4-15～20）則是向下放的還原動作。

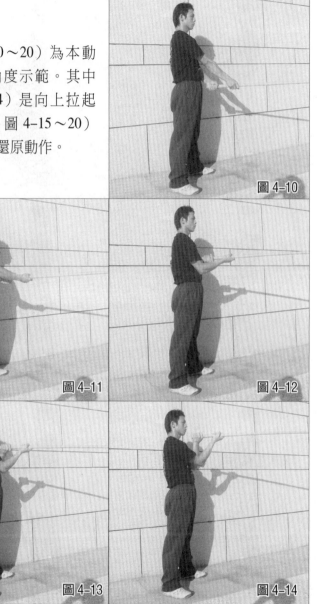

圖 4-10

圖 4-11

圖 4-12

圖 4-13

圖 4-14

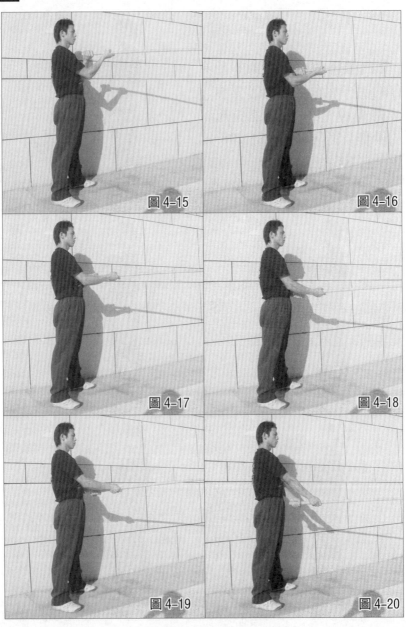

圖 4-15

圖 4-16

圖 4-17

圖 4-18

圖 4-19

圖 4-20

【技術要點】

1. 剛開始練習時的棍不可太重，以免影響動作質量。

2. 動作要輕快，不可用僵力，特別是兩手將棍向下放時的最後用力，要多去體會「寸勁」的發揮與運用，用的是輕巧的勁而不是僵滯的勁。

3. 我所有的動作可配合呼吸進行，通常是向上將棍拉起時吸氣，在雙手將棍放下時則要呼氣。

二、撒棍（二）

【實戰動作要領】

練習時以側身馬站好，雙臂伸直握棍於體前，眼睛朝向右側（圖4-21）；

兩手適當用力將長棍向上拉起（圖4-22）；

我在兩手將長棍向上拉起時，下肢站立穩固（圖4-23）；

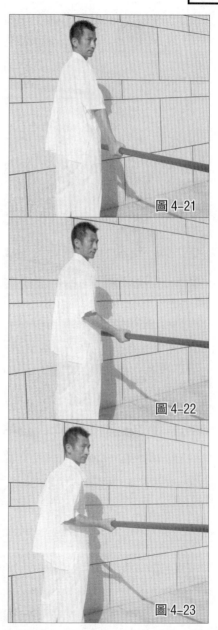

圖4-21

圖4-22

圖4-23

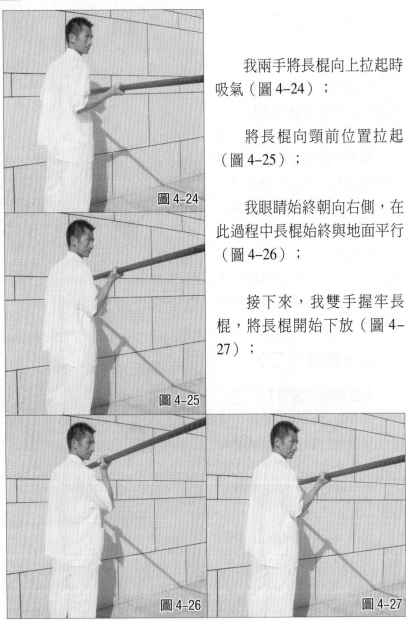

圖 4-24

圖 4-25

圖 4-26　　圖 4-27

我兩手將長棍向上拉起時吸氣（圖 4-24）；

將長棍向頸前位置拉起（圖 4-25）；

我眼睛始終朝向右側，在此過程中長棍始終與地面平行（圖 4-26）；

接下來，我雙手握牢長棍，將長棍開始下放（圖 4-27）；

我兩手將棍下放的過程中可適當用力（圖4-28）；

我在兩手將棍向下放下時，下肢的站立須穩固，並與呼氣進行配合（圖4-29）；

我兩手可適當加快速度將棍放下（圖4-30）；

我雙手將棍向下放至開始時的準備動作，以上過程為一個完整的動作（圖4-31）。

圖 4-28

圖 4-29

圖 4-30

圖 4-31

（圖4-32～43）為本動作的另一個角度示範，也就是說先將長棍向上拉起，然後再以較快的速度將棍放下。其中（圖4-32～37）是將長棍向上拉起的動作；而（圖4-38～43）則是將長棍向下放至還原動作。

　　（圖4-44～54）為本動作的近距離示範，動作過程仍是先將長棍向頸前位置拉起，然後再放下還原。而且整個動作須輕快、自然，不可用僵力。其中（圖4-44～49）是將長棍向上拉起的動作；（圖4-50～54）則是將長棍放下還原的動作。

【技術要點】

　　1. 剛開始練習時長棍不可太重，以免影響動作質量。

　　2. 動作要輕快、自然，不可用僵力，特別是兩手將棍向下放下時的最後用力，要多體會「寸勁」的發揮與運用。

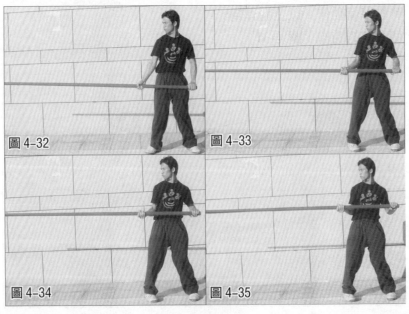

圖4-32　　　　　　　　圖4-33

圖4-34　　　　　　　　圖4-35

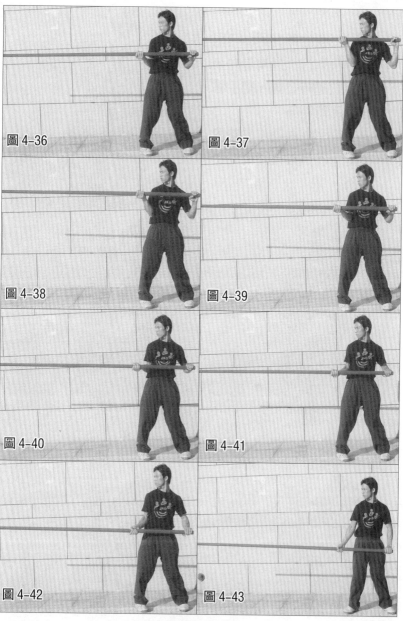

圖 4-36

圖 4-37

圖 4-38

圖 4-39

圖 4-40

圖 4-41

圖 4-42

圖 4-43

3. 我的所有動作可配
合呼吸進行，通常是向上
將棍拉起時吸氣，雙手將
棍放下時呼氣。

4. 我在做動作的整個
過程中，長棍始終與地面
平行。

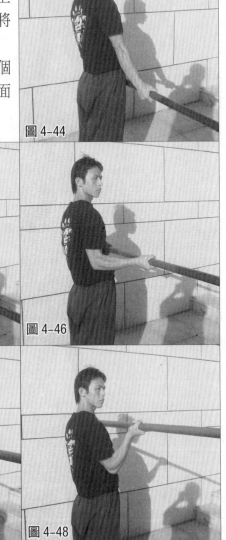

圖 4-44

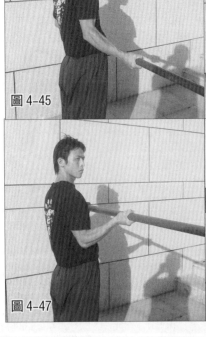

圖 4-45

圖 4-46

圖 4-47

圖 4-48

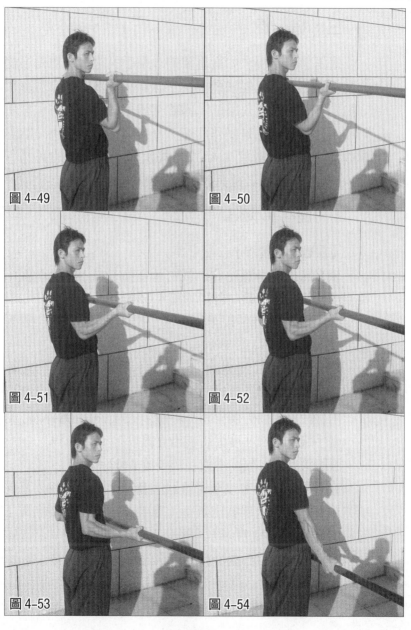

圖 4-49

圖 4-50

圖 4-51

圖 4-52

圖 4-53

圖 4-54

三、槍　棍

這是詠春拳棍法中最重要的攻擊手段之一，也是必修的基本功之一。此棍法是沿用了詠春拳最基本的原理「攻守搶中線」而進行攻擊的，因此突發性極強，敵方也極難防範，因為其優點是動作簡捷、直接與快速，這也是詠春拳中最主要的攻擊用力模式。按照其在練習上的難易程度，又可分為基本訓練與步腿合一訓練兩個步驟逐步完成。

(一)槍棍基本訓練

【實戰動作要領】

練習時以側身馬站好，我右手在前，左手在後，握牢長棍於頸前，眼睛朝向右側（圖4-55）；

在呼氣的同時，兩手適當用力將棍向前刺出（圖4-56）；

兩手持棍邊向前方刺出，邊將棍向內側旋轉（圖4-57）；

兩手持棍向前方刺出時，身體須保持平穩（圖4-58）；

兩手適當加快速度而將棍沿直線攻出（圖4-59）；

眼睛須始終盯緊前面的目標（圖4-60）；

直至兩臂向前方攻至臂直狀態為止，也就是說要將向前方攻擊的勁力全部發出為止（圖4-61）；至此便完成了向前的攻擊動作。

接下來，雙手持棍沿原來的路線回收（圖4-62）；

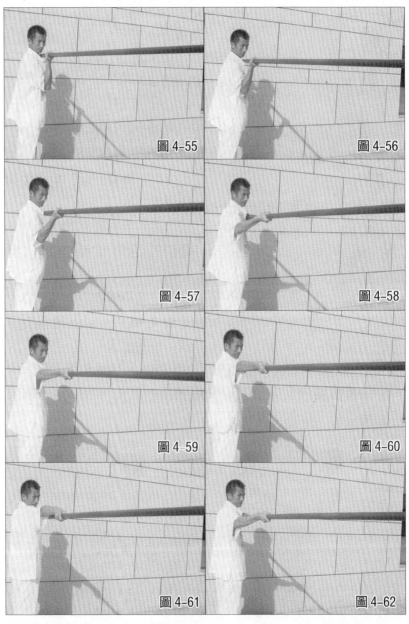

圖 4-55

圖 4-56

圖 4-57

圖 4-58

圖 4-59

圖 4-60

圖 4-61

圖 4-62

圖 4-63

圖 4-64

圖 4-65

　　兩手持棍回收的動作要輕快（圖 4-63）；

　　在兩手持棍回收的同時，眼睛仍須盯緊前面的目標（圖 4-64）；

　　直至將棍收回至頸前為止（圖 4-65）；以上過程為一個完整的動作。

　　（圖 4-66～76）為槍棍攻出時的另一個角度示範，即先將長棍向前方沿直線快速刺出，然後再收回至體前為

圖 4-66

圖 4-67

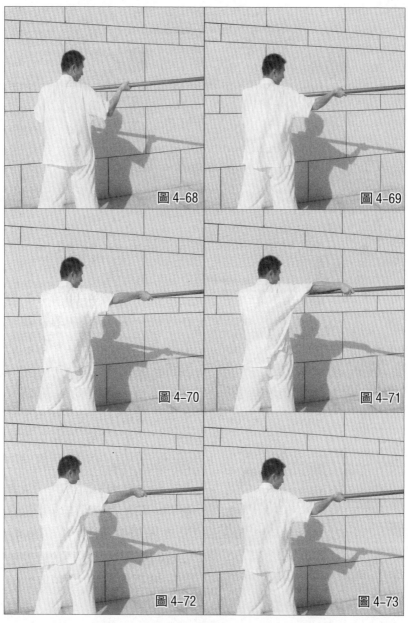

圖 4-68

圖 4-69

圖 4-70

圖 4-71

圖 4-72

圖 4-73

圖 4-74

圖 4-75

圖 4-76

圖 4-77

止。其中（圖 4-66～71）是在呼氣的同時向前方直線攻出的動作；（圖 4-72～76）則是將長棍收回的動作。

（圖 4-77～87）為槍棍基本攻擊動作的另一個角度示範，其攻擊的過程仍是先將長棍向前方快速刺出，然後再果斷收回至體前為止。其中（圖 4-77～82）是向前方沿直線快速攻出時的動作；（圖 4-83～87）則是將長棍收回的動作。整個動作過程要自然流暢。

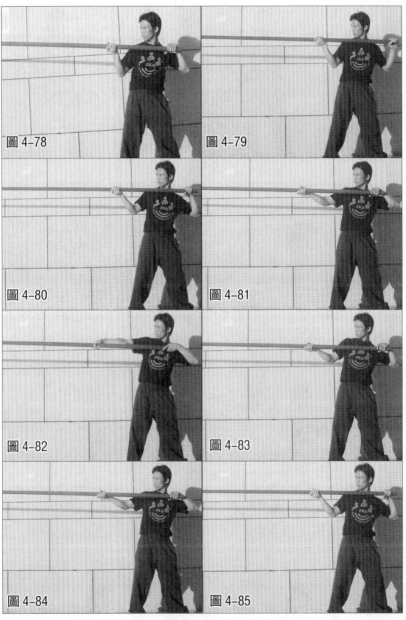

圖 4-78

圖 4-79

圖 4-80

圖 4-81

圖 4-82

圖 4-83

圖 4-84

圖 4-85

圖 4-86　　　　　　　　　　圖 4-87

圖 4-88

（圖 4-88～98）為本動作的空（徒）手練習動作，也就是由不持棍的空手練習來體會用力。其中（圖 4-88～94）是模仿向前方直線快速攻出的動作；（圖 4-95～98）則是將長棍收回的動作。動作仍須自然和快捷。

圖 4-89　　　　　　　　　　圖 4-90

圖 4-91

圖 4-92

圖 4-93

圖 4-94

圖 4-95

圖 4-96

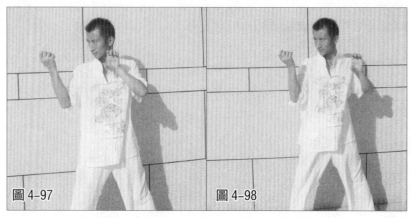

圖 4-97　　　　　　　　　　圖 4-98

【技術要點】

1. 剛開始練習時的長棍不可太重，以免影響動作質量。

2. 整個動作過程要輕快，不可用僵力，特別是將棍直線向前方攻出時，要多體會「寸勁」的發揮與運用，也就是須有「加速度」的動作。

3. 我的所有動作可配合有呼吸進行，通常是向前方攻出時呼氣，將棍收回時吸氣。

4. 我在做動作的整個過程中，長棍始終是與地面平行的。

5. 將棍攻出時我的重心要平穩。

二、槍棍的步腿合一訓練

本訓練手段強調的是「動態的攻擊技巧」的練習，其中包括步法的配合訓練和專門持長棍的攻擊訓練。

【實戰動作要領】

練習時以側身馬站好，我右手在前，左手在後，握牢長棍於體前，眼睛朝向右側（圖4-99）；

在呼氣的同時，兩手開始持棍向前方攻出（圖4-100）；

我快速將右腳向前方抬起（圖4-101）；

我將右腳邁向前方（圖4-102）；

我迅速將右腳向前方落穩（圖4-103）；

圖 4-99

圖 4-100

圖 4-101

圖 4-102

圖 4-103

我在將右腳向前方落穩並呈馬步的同時，繼續將長棍向前方攻出（圖4-104）；

我是在呼氣的同時將長棍向前徑直攻出的，而且邊將長棍攻出，邊將左腳向前方移步跟進（圖4-105）；

我的長棍須沿直線向前方快速攻出（圖4-106）；

我在將長棍向前方攻出時下盤須穩固（圖4-107）；

我直至將兩臂向前方刺至臂直狀態為止，此時下肢也成為穩固的馬步姿勢（圖4-108）；至此便完成了整個的向前方攻擊的動作。

接下來，我雙手持棍開始沿原來的路線回收（圖4-109）；

我兩手持棍回收的動作要輕快（圖4-110）；

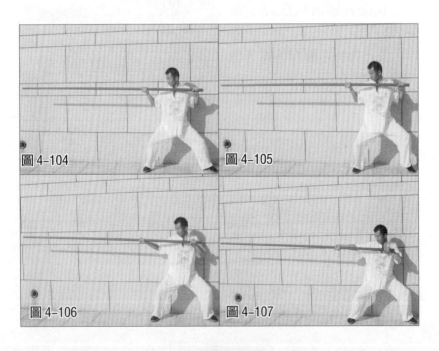

圖4-104

圖4-105

圖4-106

圖4-107

在兩手持棍回收的同時，眼睛仍須盯緊前面的目標
（圖4-111）；

　　將長棍收回時，我的下肢須穩固（圖4-112）；

　　直至將棍收回至體前為止（圖4-113）。以上過程為
一個完整的動作。

圖4-108

圖4-109

圖4-110

圖4-111

圖4-112

圖4-113

（圖4-114～128）為本進步直線攻擊動作的另一個角度示範，也就是在向前方快速進步的同時將長棍沿直線向前方快速攻出，然後再敏捷地收回至體前。其中（圖4-114～

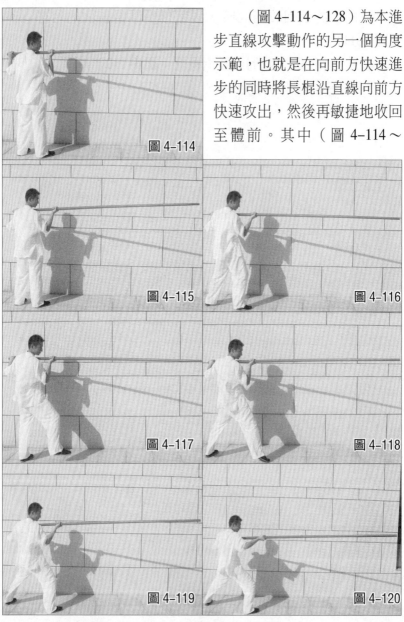

圖 4-114

圖 4-115

圖 4-116

圖 4-117

圖 4-118

圖 4-119

圖 4-120

圖 4-121

圖 4-122

圖 4-123

圖 4-124

圖 4-125

圖 4-126

圖 4-127

圖 4-128

123）是我向前方直線攻擊時的示範動作；（圖4-124、圖
4-125）則是將長棍收回的動作。

（圖4-129～135）為練習者持長棍進行實踐性攻擊練
習的示範動作，即在步法的快速配合下，將長棍準確地攻
向敵咽喉或眼等致命要害處。（圖4-136）為將長棍向前
方擊中敵方的咽喉時的近距離示範（註：為了方便拍攝照

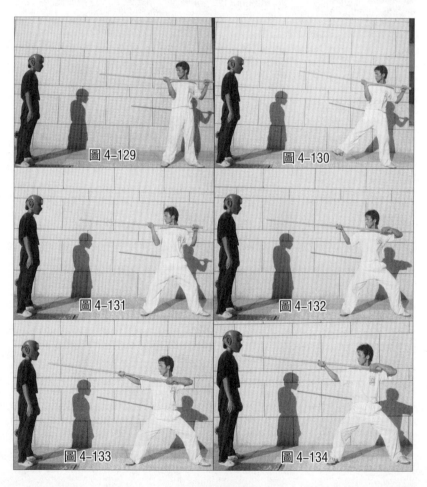

圖4-129

圖4-130

圖4-131

圖4-132

圖4-133

圖4-134

圖 4-135　　　　　　　　　　圖 4-136

片和練習，換用了較短的普通棍進行示範）。

（圖 4-137～144）為練習者專門用來訓練步法的有效配合的技巧，其目的是「步、棍合一」。也就是仍以徒手來練習，並以馬步開始，在向前方快速進步的過程中，模擬將長棍快速攻出，並且是先進右腳，再跟進左腳。

圖 4-137

圖 4-138　　　　　　　　　　圖 4-139

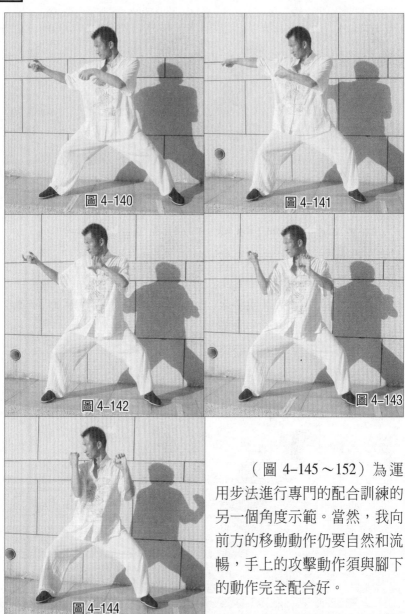

圖 4-140

圖 4-141

圖 4-142

圖 4-143

圖 4-144

（圖 4-145～152）為運用步法進行專門的配合訓練的另一個角度示範。當然，我向前方的移動動作仍要自然和流暢，手上的攻擊動作須與腳下的動作完全配合好。

圖 4-145　　　　　　　　　　圖 4-146

圖 4-147　　　　　　　　　　圖 4-148

圖 4-149　　　　　　　　　　圖 4-150

圖 4-151　　　　　圖 4-152

【技術要點】

1. 將長棍攻出與向前方進時步時，重心要平穩。。

2. 所有動作要輕快，不可用僵力，特別是將長棍沿直線向前方攻出時，要多體會「寸勁」的發揮與運用。

3. 所有動作要配合呼吸進行，通常是向前方攻出時呼氣，在將長棍收回時吸氣。

第二節　基本實戰棍法訓練

本節主要介紹詠春拳棍法中的幾種基本實用型棍招，因為套路中的所有招法都是由這些基本的棍招組合而成的。所以這些基本棍法的正確與否，以及熟練與否，將直接關係到將來的棍法發揮和運用。而且這些基本棍招雖看似簡單，但卻極為實用，因為在現實中格鬥中最簡單的東西也往往是最實用的，因為它沒有多餘的動作，所以可以招招直指要害，給予敵方有效地打擊。

一、槍　棍

作為詠春拳棍法中最重要的攻擊手段，這種直線型的快速攻擊技術占了幾乎所有詠春拳棍法技術一半以上的攻擊之比重，當然它也是體會詠春拳用力模式與發力技巧的一種極為重要的手段。

【實戰動作要領】

練習時以側身馬站好，我右手在前，左手在後，握牢長棍於頸前，眼睛朝向右側（圖4–153）；

圖4–153

在呼氣的同時，兩手用力將棍向前方刺出（圖4–154）；

我邊將長棍向前方刺出，邊速將右腳向前方抬起（圖4–155）；

圖4–154

我速將右腳向前方落穩（圖4–156）；

圖4–155

圖4–156

我在將右腳向前方呈馬步落穩的同時，繼續將長棍向前方攻出（圖4-157）；

我是在呼氣的同時，將長棍向前方快速攻出的（圖4-158）；

我的長棍須沿直線向前方快速攻出，直至兩臂將棍向前方刺至臂直狀態為止（圖4-159）；至此便完成了向前方的攻擊動作。

接下來，我將腳往回收，同時將長棍平穩地回收（圖4-160）；

我將重心往左腿轉移（圖4-161）；

圖 4-157

圖 4-158

圖 4-159

圖 4-160

圖 4-161

我將步形變成虛步，兩手持棍指向前方，前面的棍頭一般不超過眼睛的高度（圖4-162）。以上過程為一個完整的攻擊動作。

　　（圖4-163～173）為我持長棍並進步向前方攻擊時的另一個角度示範，即在向前方快速移進的同時，將長棍沿直線果斷地攻出，當然此時須與呼氣配合；然後再敏捷地

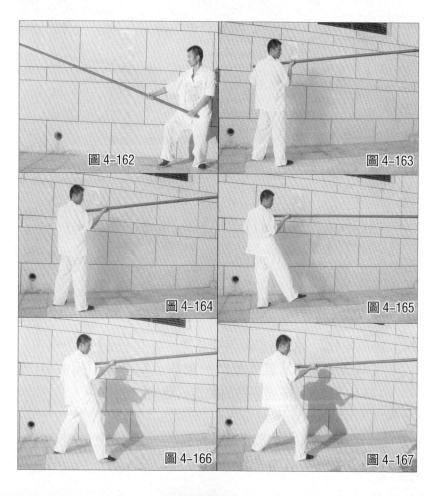

圖4-162

圖4-163

圖4-164

圖4-165

圖4-166

圖4-167

圖 4-168　　　　圖 4-169

圖 4-170　　　　圖 4-171

圖 4-172　　　　圖 4-173

將長棍收回並成虛步對敵的姿勢。其中（圖 4-163～170）是向前方進步直線攻擊時的動作示範；而（圖 4-171～173）則是收回成虛步時的動作示範。

（圖 4-174～182）為我持長棍並進步快速攻擊時的正面示範動作。其中（圖 4-174～180）是我持長棍向前方進

圖 4-174

圖 4-175

圖 4-176

圖 4-177

圖 4-178

圖 4-179

圖 4-180

圖 4-181

圖 4-182

步,並進行直線攻擊時的動作;而(圖 4-181、4-182)則是收回成虛步時的動作。

(圖 4-183～187)為我持長棍向前方攻擊敵方面部時的示範動作。記住,此時我的整個攻擊動作要突然、直接、準確與強勁,快攻快收,不可拖泥帶水。

圖 4-183

圖 4-184

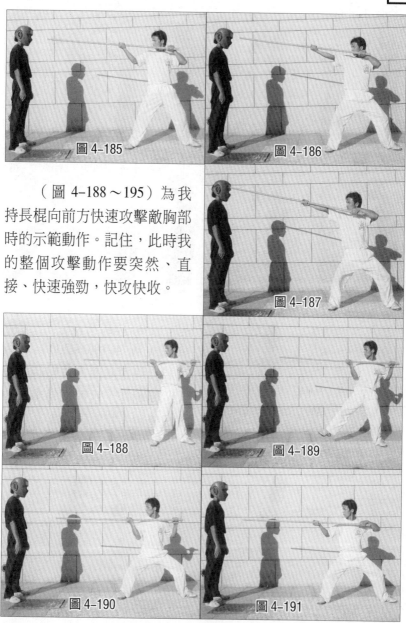

圖 4–185

圖 4–186

（圖 4–188～195）為我
持長棍向前方快速攻擊敵胸部
時的示範動作。記住，此時我
的整個攻擊動作要突然、直
接、快速強勁，快攻快收。

圖 4–187

圖 4–188

圖 4–189

圖 4–190

圖 4–191

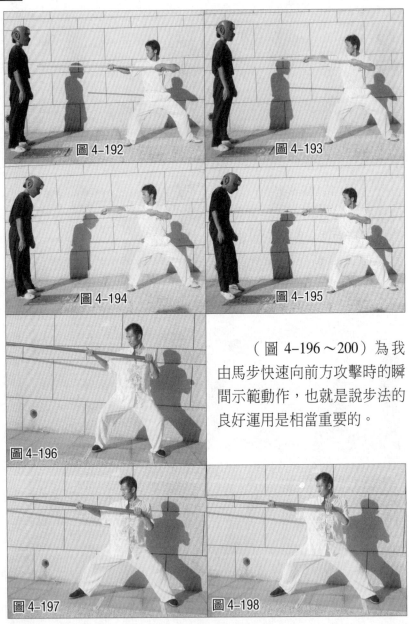

圖 4-192

圖 4-193

圖 4-194

圖 4-195

圖 4-196

（圖 4-196～200）為我由馬步快速向前方攻擊時的瞬間示範動作，也就是說步法的良好運用是相當重要的。

圖 4-197

圖 4-198

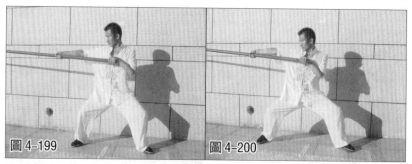

圖4-199　　　　　　　　　　圖4-200

（圖4-201～206）為我進行棍法的攻擊準確性地訓
練，即同伴右手持棍自然站立，其長棍要持穩，我則按照
前面練習時的動作要領，快速向前方進步並出棍去攻擊，
使我手中的長棍剛好可以向前方準確地刺中同伴右手中的

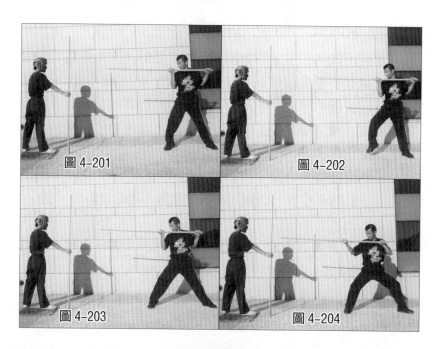

圖4-201　　　　　　　　　　圖4-202

圖4-203　　　　　　　　　　圖4-204

圖 4-205　　　　　　　　圖 4-206

圖 4-207　　　　　　　　圖 4-208

長棍。當然，在這裏力度不是最重要的，因為最重要的是去練習與體會攻擊的準確性與速度。而（圖 4-207）則為我用長棍準確地刺中同伴右手中的長棍時的另一個角度示範。（圖 4-208）則為我用長棍刺中同伴手中長棍時的近距離示範。

【技術要點】

1. 將長棍攻出時與向前方進步時，我的重心要平穩。

2. 我的所有動作要輕快與敏捷，不可用僵力。

3. 我將長棍沿直線向前方攻出時，要細心體會「寸勁」的發揮與運用。

4. 我的所有動作須配合呼吸進行，通常是向前方攻出時呼氣，將棍收回時吸氣。

二、彈　棍

　　這是一種有效地防衛性棍法，主要是當敵方用武器向我中盤或下盤攻來時，我輕快地向下彈擊敵方武器的動作，從而改變敵方武器的攻擊方向或破壞其攻擊路線。當然，這也是一種動作幅度極小的防衛性技術，因此，在練習時要避免動作幅度過大，因為那樣不符合詠春拳的用力要求與動作規範。

　　【實戰動作要領】

　　練習時，以虛步站好，我右手在前握棍，左手在後握棍，棍頭在前面並約與眼睛或額部同高（圖4-209）；

　　在呼氣的同時，右手快速用力將棍頭向前下方彈擊（圖4-210）；

圖4-209　　　　　　　　圖4-210

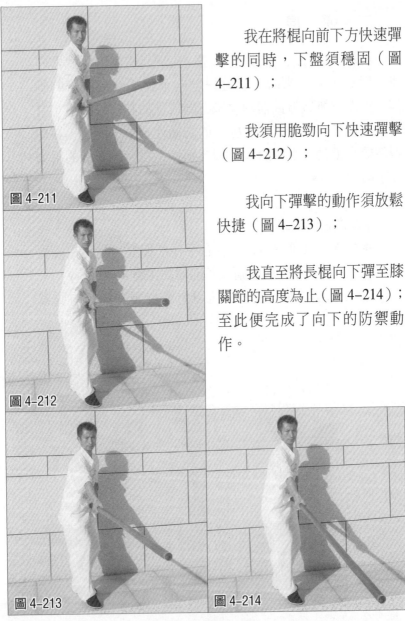

圖 4-211

圖 4-212

圖 4-213

圖 4-214

我在將棍向前下方快速彈擊的同時，下盤須穩固（圖4-211）；

我須用脆勁向下快速彈擊（圖4-212）；

我向下彈擊的動作須放鬆快捷（圖4-213）；

我直至將長棍向下彈至膝關節的高度為止（圖4-214）；至此便完成了向下的防禦動作。

接下來，我以左手為支撐點，同時右手適當用力開始將棍向上收起（圖4-215）；

圖4-215

我是在下盤穩固的基礎上，將長棍向上收起的（圖4-216）；

圖4-216

直至將長棍向上收起至眼睛或額部的高度為止（圖4-217）；以上過程為一個完整的動作。

圖4-217

（圖4–218～227）為我持長棍快速向下彈擊時的另一個角度示範，即將長棍由起式動作向下輕快地彈擊，然後再敏捷地向上收回成原來的準備動作。其中（圖4–218～223）是我持長棍向下彈擊防禦時的動作示範；（圖4–224～227）則是我將長棍向上收回還原的動作。

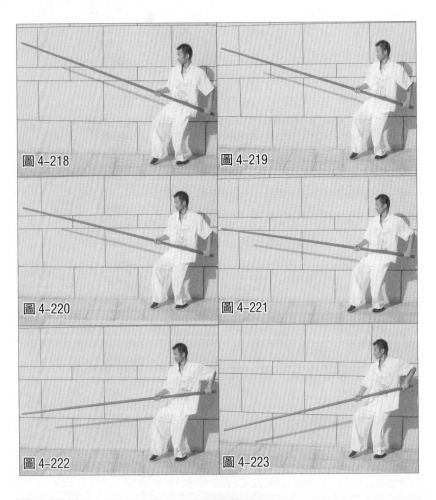

圖4–218　　　　　　圖4–219

圖4–220　　　　　　圖4–221

圖4–222　　　　　　圖4–223

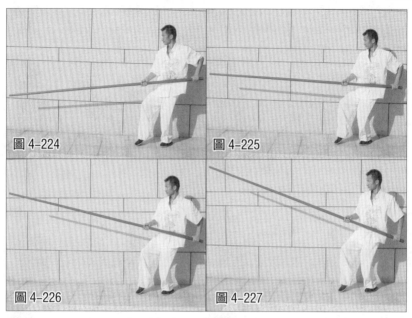

圖 4-224　　　　　　　　圖 4-225

圖 4-226　　　　　　　　圖 4-227

　　（圖 4-228～235）為我利用長棍快速向下彈擊敵方武器時的示範動作，也就是當敵方用武器向我中盤或下盤攻來時，我速將長棍輕快地向下彈擊敵方武器，從而改變敵方正常的攻擊方向或破壞其攻擊路線，然後再立即將長棍向上收回。其中，（圖 4-228～232）是我的長棍接觸敵方

圖 4-228　　　　　　　　圖 4-229

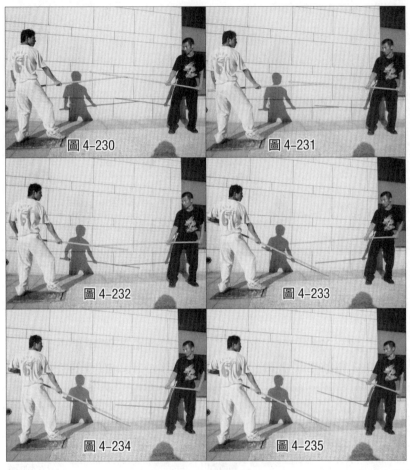

圖 4-230　　　　　　　圖 4-231

圖 4-232　　　　　　　圖 4-233

圖 4-234　　　　　　　圖 4-235

的武器，並將其武器快速向下彈擊的動作；而（圖
4-233～235）則是我利用長棍防禦完後回收的動作。

【技術要點】

1. 我的長棍向下彈擊的動作幅度一定要小，動作要輕
快，重心一定要穩。

2. 我的長棍向下彈擊時的動作要自然、快速，不可用

僵力，而應該用瞬間的爆發力去突然向下彈擊敵方的武器，而且如果我的動作果斷以及夠力的話，可以將敵方的武器震至脫手。

3. 我長棍的運行路線是直的，也就是說動作要儘量簡捷與直接。

4. 我的所有動作可配合有呼吸進行，通常是向前下方彈擊時要與呼氣配合，在將棍向上收回時要吸氣。

三、挑　棍

這同樣是一種有效的防衛性棍法，主要是當敵方用武器向下壓住我的武器或向下彈擊我的武器時，我突然發力並由下向上快速彈擊敵方武器的方法。

當然，這也是一種動作幅度極小的防衛技術，因此，在練習時要避免動作過大，並在防禦的同時尋機反擊，因為我向上的挑擊防禦動作並不是目的，它只不過是達到目的一個過程和手段而已。

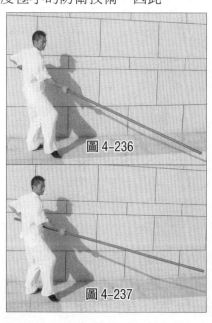

圖 4-236

圖 4-237

【實戰動作要領】

練習時以虛步站好，我右手在前握棍，左手在後握棍，棍的前端置於前下側，高度約與膝關節同高（圖 4-236）；

我以左手為支撐點，右手適當用力將棍向上挑起（圖 4-237）；

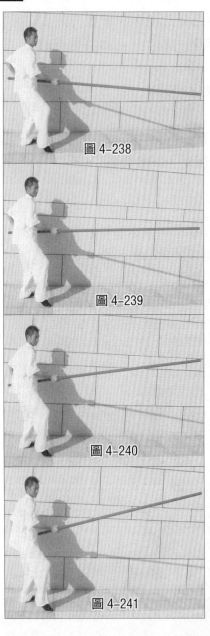

圖 4-238

圖 4-239

圖 4-240

圖 4-241

在呼氣的同時，右手快速用力將棍頭向上挑起（圖4-238）；

我在將棍向上挑起或向上方彈擊的同時，下盤須穩固（圖4-239）；

我是用脆勁向上快速挑擊敵方的武器下側的（圖4-240）；

我向上挑擊的動作須放鬆而快捷，但動作幅度不可過大（圖4-241）；

直至將長棍向上挑擊至下巴的高度為止，通常不要超過下巴（圖4-242）；至此便完成了向上的防禦動作。

接下來，我仍以左手為支撐點，同時右手開始將棍向下壓（圖4-243）；

我是在下盤穩固的基礎上，將棍向下壓的（圖4-244）；

我直至將棍向下放至膝關節的高度為止（圖4-245）；以上過程為一個完整的動作。

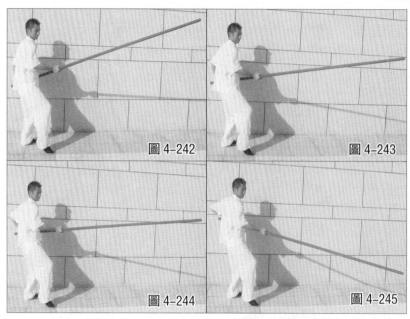

圖 4-242

圖 4-243

圖 4-244

圖 4-245

　　　（圖 4-246～257）為我持長棍快速向上挑擊時的正面
示範動作，即將長棍由下向上輕快地挑擊，然後再敏捷地
向下收回成原來的準備動作。其中（圖 4-246～254）是我

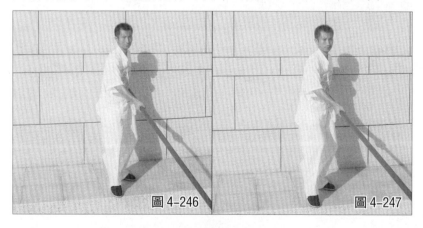

圖 4-246

圖 4-247

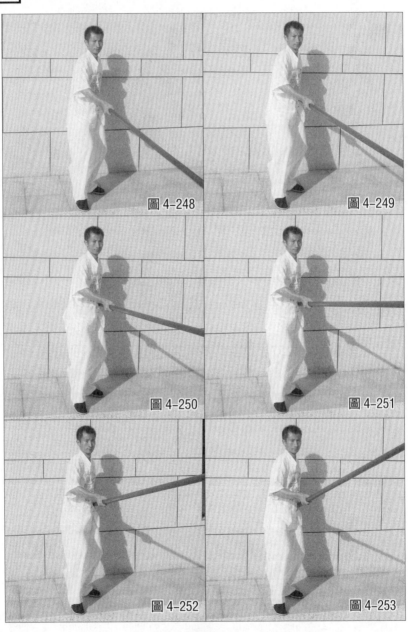

圖 4-248

圖 4-249

圖 4-250

圖 4-251

圖 4-252

圖 4-253

圖 4-254

圖 4-255

圖 4-256

圖 4-257

持長棍向上挑擊防禦時的動作
示範；（圖 4-255～257）則
是我將長棍向下收回還原時的
動作示範。

　　（圖 4-258～264）為我
利用長棍快速由下向上挑擊敵
方武器時的示範動作，也就是
當敵方用武器向下壓住我的長

圖 4-258

圖 4-259

圖 4-260

圖 4-261

圖 4-262

圖 4-263

圖 4-264

棍時，我速用「瞬間的爆發力」將長棍輕快地向向上挑擊
敵方武器時的示範，從而於瞬間擺脫敵方武器的壓制，然
後再立即將長棍向下收回或是進一步進行反擊。其中，
（圖 4-258 至圖 4-262 是我的長棍接觸敵方的武器，並將
其快速向上挑開的動作；圖 4-263 至圖 4-264 則是我利用
長棍防禦完後回收的動作。而圖 4-260-1 則是敵方用武器

向下壓住我的長棍時的另一個角度示範。

【技術要點】

1. 長棍向上挑擊的動作幅度一定要小，動作輕快，重心要穩固。

2. 長棍向上挑擊時的動作要自然，不可用僵力，應該用瞬間的爆發力快速向上挑擊敵方武器下側，如我的動作果斷以及夠力的話，必會由此撕開反擊敵方的間隙。

3. 長棍的運行路線要儘量簡捷與直接，用來提高安全係數。

4. 所有動作可配合呼吸進行，通常是向上挑擊時呼氣，而在將棍向下收回時吸氣。

四、伏 棍

這是一種有效的防禦反擊型棍法，也就是當敵方用武器向下壓住我的棍或向下彈擊我的武器時，我不是用僵力去對抗，而是向左側或右側去劃一個小圈來巧妙地避開敵方的壓制，然後再將棍快速向上運行至敵方的武器上側，並再由上向下去壓制敵方的武器。當然，這也是一種難度極高的反擊技術，需要我們細心體會與練習。

根據實際運用的情形不同，向下的伏棍又可分為「由右側向下壓制的伏棍」與「由左側向下壓制的伏棍」，現在分別詳細講解如下：

(一)左側伏棍

【實戰動作要領】

練習時以虛步站好，我右手在前握棍，左手在後握

棍，棍頭在前約與眼同高（圖4-265）；

我在下盤站立穩固的基礎上，右手將棍頭向前下方下壓（圖4-266、267）；

我將長棍向前下方壓至膝關節的高度（圖4-268）；

接下來，我仍以左手為支撐點，右手則適當用力開始將長棍向左上方移動（圖4-269）；

我的長棍向左上方移動時是沿一個極小的弧度進行的，目的是由此去快速反制敵方的武器（圖4-270）；

我的長棍向左上方擺動時須放鬆而快捷（圖4-271、272）；

我在將棍向左上方快速擺動的同時，下盤須穩固（圖4-273）；

圖4-265

圖4-266

圖4-267

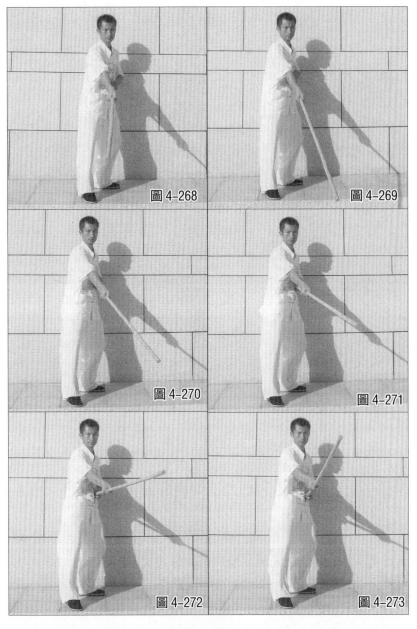

圖 4-268

圖 4-269

圖 4-270

圖 4-271

圖 4-272

圖 4-273

圖 4-274

圖 4-275

圖 4-276

圖 4-277

我將棍向面前位置擺動（圖 4-274）；

我將長棍擺至面前（圖 4-275）；

隨後，我在呼氣的同時，將長棍向下快速壓下（圖 4-276）；

直至將長棍向下壓至膝關節的高度為止（圖 4-277）；至此便完成了整個防禦以及反制的動作。

（圖 4-278～289）為伏棍動作的另一個角度示範，即先將長棍下落，隨後再輕快地向左上方移動，然後再敏捷

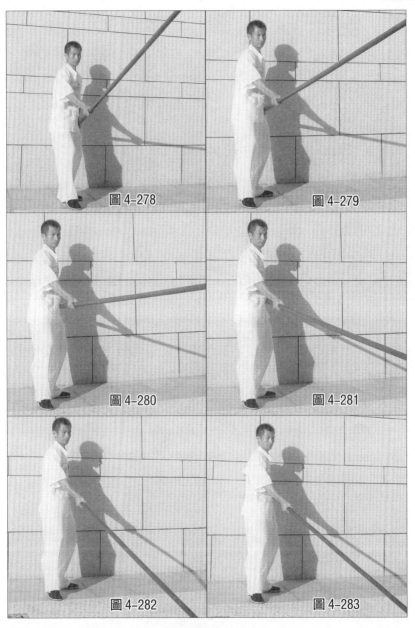

圖 4-278

圖 4-279

圖 4-280

圖 4-281

圖 4-282

圖 4-283

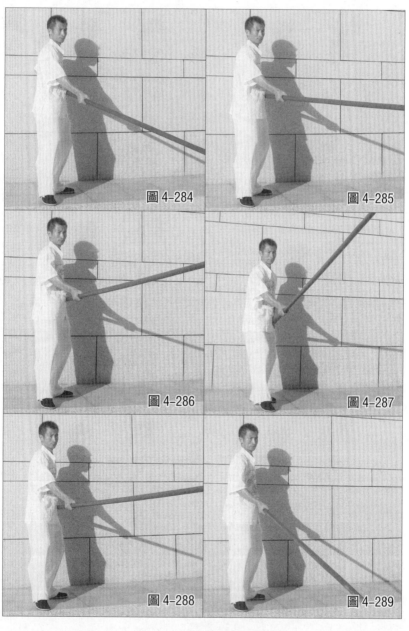

圖 4-284

圖 4-285

圖 4-286

圖 4-287

圖 4-288

圖 4-289

地由面前角度向下壓制敵方的武器。其中（圖 4–278～282）是我將長棍向下落的動作；（圖 4–283～287）則是將長棍沿一個極小的弧度向左上方移動的動作。（圖 4–288、圖 4–289）則是我將長棍向下去反壓敵方武器的動作。

　　（圖 4–290～300）為我伏棍動作的一個簡化了的示範過程，也就是我的長棍是由下側直接向左上方移動的，並再「由上向下」去壓制敵方武器的動作。其實也就是模仿當敵方的武器將我的長棍壓下後，我直接進行反擊的方法。因為前面所講述的長棍「由上向下——向左上方移動——再由上向下去壓制」的過程，是套路練習中的內容。而在本動作中只有兩個環節，即「向左上方移動—再由上向下去壓制」，也就是實踐中的用法。

圖 4–290

圖 4–291

圖 4–292

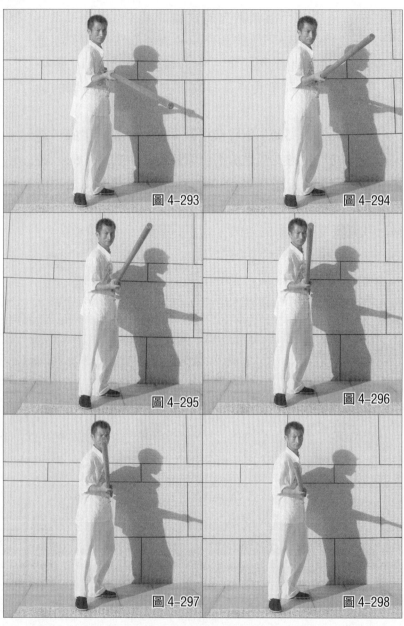

圖 4-293

圖 4-294

圖 4-295

圖 4-296

圖 4-297

圖 4-298

圖 4-299　　　　　　　　圖 4-300

（圖 4-301）是敵方武器將我的長棍向下壓住時的示範動作，這時就需要我去巧妙地轉移與化解敵方的壓制了。

（圖 4-302～311）為我伏棍動作的實戰運用示範過程，也就是當敵方將我的長棍向下壓住時，我須迅速將長棍向左上方移動，並再「由上向下」去壓制敵方的武器，最後

圖 4-301

圖 4-302　　　　　　　　圖 4-303

圖 4–304

圖 4–305

圖 4–306

圖 4–307–1

圖 4–307–2

則是我閃電般地向前方進步並用長棍去直刺敵方的喉部要害處。

其中（圖 4–302～304）是我將長棍向下落並向左上方移動的動作，用來轉移與化解敵方武器的壓制；（圖 4–305、圖 4–306）是將長棍沿一個極小的弧度向左上方移動的動作。（圖 4–307–1 與圖 4–307–2）是我將長棍向下去反壓敵方武器的動作。而（圖 4–308～311）是我迅速向前方進步並將長棍果斷攻向敵方喉部的示範動作。

圖 4-308　　　　　圖 4-309

圖 4-310　　　　　圖 4-311

【技術要點】

1. 我長棍的整個運行動作要輕靈、快捷，不可用僵力。特別是向左上方移動時，動作的幅度與弧度一定要小，用來節省時間。

2. 我的長棍向下彈擊或反壓敵方的武器時，動作一定要快速，力度要短脆。我持長棍向前方反擊（直刺）敵方喉部時的動作要準確、直接、有力。

3. 我在整個動作過程中，重心一定要平穩。

4. 我的所有動作可配合有呼吸進行，例如在向下反壓敵方的武器時可呼氣進行配合，以及在向前方直刺敵方的喉部時仍要呼氣進行配合。

圖 4-312

圖 4-313

（二）右側伏棍

【實戰動作要領】

練習時以虛步站好，我右手在前握棍，左手在後握棍，棍頭在前並約與眼睛或額部同高（圖 4-312）；

我在下盤站立穩固的基礎上，右手將棍頭向前下方下壓（圖 4-313、4-314）；

我將長棍向下壓時眼須盯緊前方（圖 4-315）；

圖 4-314

圖 4-315

我將長棍向前下方壓至膝關節的高度（圖4-316）；

接下來，我仍以左手為支撐點，右手則適當用力開始將長棍向右上方移動（圖4-317）；

我的長棍向右上方移動時是沿一個極小的弧度去進行的，目的是由此去快速反制敵方的武器（圖4-318）；

我的長棍向右上方擺動時，動作須放鬆而快捷（圖4-319）；

圖4-316

圖4-317

圖4-318

圖4-319

圖4-320

圖4-321

我將長棍擺動至面前位置（圖4-320）；

隨後，我在呼氣的同時，將棍向下快速壓下（圖4-321）；

我是右手適當用力而以較快的速度將長棍向下壓的（圖4-322）；

我直至將長棍向下壓至膝關節的高度為止（圖4-323）；至此便完成了整個動作過程。

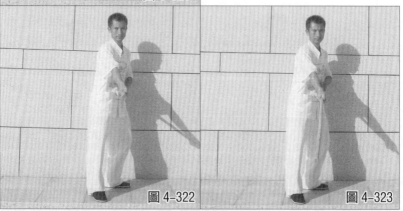

圖4-322

圖4-323

（圖 4–324～334）為我右側伏棍動作的另一個角度示範，即先將長棍往下落，隨後再輕快地向右上方進行移動，然後再敏捷地由面前的位置去向下壓制敵方武器的動作。其中（圖 4–324～327）是我將長棍向下落的動作；（圖

圖 4–324

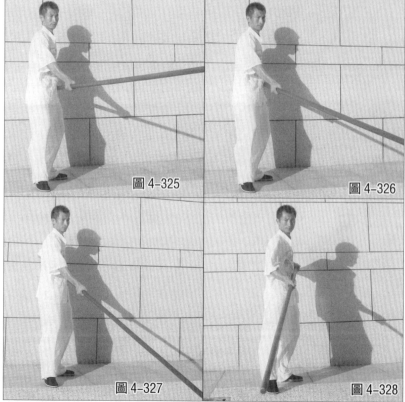

圖 4–325

圖 4–326

圖 4–327

圖 4–328

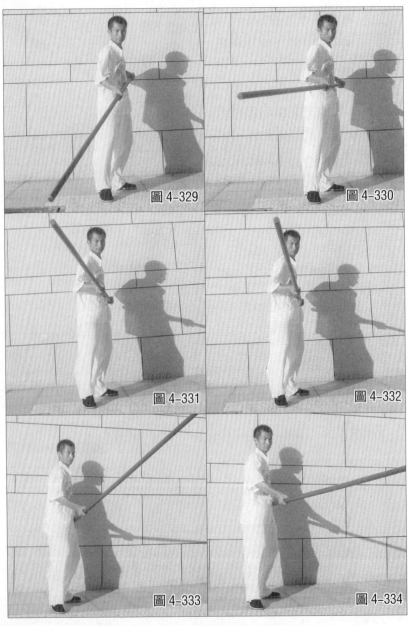

圖 4-329

圖 4-330

圖 4-331

圖 4-332

圖 4-333

圖 4-334

4-328～333）是將長棍沿一個極小的弧度向右上方移動的動作。（圖4-334）則是我將長棍主動向下壓制敵方武器的動作。

圖4-335

（圖4-335～344）為我右側伏棍動作的一個簡化了的示範動作，也就是我的長棍直接由下側而向右上方移動，並再由上側而向下去壓制敵方武器的動作。其實，也就是模仿當敵方將我的長棍壓住或壓下後，我直接去進行反擊的方法。因為前面所講述的長棍「由上向下—向右上方移動—再由上向下去壓制」的過程，只是進行套路練習時的內容。

圖4-336

圖4-337

圖4-338

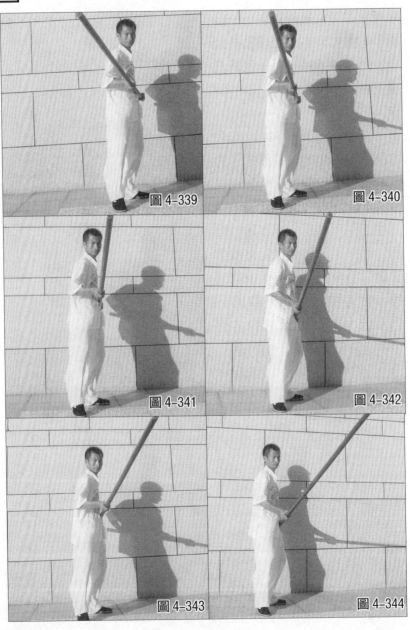

圖 4-339

圖 4-340

圖 4-341

圖 4-342

圖 4-343

圖 4-344

而在實戰運用中，則可能只有兩個環節，即「向右上方移動—再由上向下去壓制」。

【技術要點】

1. 我長棍的整個運行動作要輕靈，不可用僵力。特別是向右上方移動時，動作的幅度與弧度一定要小，用來節省運行時間與提高效率。

2. 我的長棍向下彈擊或反壓敵方的武器時，動作一定要快捷、力度要短脆。我持長棍向前方反擊敵方的喉部時的動作要準確、直接、有力。

3. 我在整個動作過程中，重心一定要平穩。

4. 我的所有動作可配合有呼吸進行，例如在向下反壓敵方的武器時可與呼氣進行配合，以及在向前方快速直刺敵方的喉部時仍要與呼氣進行配合。

五、攤　棍

這是一種有效地防禦型棍法，主要是用於向右側或是向左側擋開敵方攻向我上盤的動作，它與拳術中的攤手相類似，故得此名。這是一種短小與高效的防禦技巧，通常是由敵方攻擊的「內門」去巧妙地化解敵方的高位攻擊，特別是用來消解敵方武器的弧型攻擊動作。並由於這一動作極易銜接後面的反擊動作去有效地打擊對手，因而在棍法中的應用比例是相當高的。

根據實際運用的情形不同，攤棍又可分為「由中線向右側的防禦動作」與「由中線向左側的防禦動作」兩種類型，現在分別詳細講解如下：

圖 4-345

圖 4-346

(一)右側攤棍

【實戰動作要領】

　　練習時以虛步站好,我右手在前握棍,左手在後握棍,棍頭在前並約與眼睛或額部同高(圖4-345);

　　我在步型不變的基礎上,右手將棍向右側擋出(圖4-346);

　　我仍以左手為支撐點,右手則適當用力將長棍向右側擋出(圖4-347);

　　我在呼氣的同時,將長棍向右側快速擋出(圖4-348);

圖 4-347

圖 4-348

我的擋擊動作不可過大
（圖 4-349）；

我的動作幅度要恰可擋開
敵方的武器即可，如擋擊的幅
度過大的話，敵方可能會乘虛
而入，因此我可將長棍擋至右
前側為止（圖 4-350）；至此
便完成了整個的防護動作。

（圖 4-351～357）為我右
側攤棍動作的一種變化示範，
即當你的長棍是處下側時，再
向左上方去快速移動，此時當
然是沿一個極小的弧度而向左
上方移動的，目的是以此去擋
擊來自右上方的攻擊的。其中
（圖 4-351～353）是我將長
棍向左上方移動的動作；（圖
4-354～357）則是將長棍由左
側擋向右上方的示範動作。

圖 4-349

圖 4-350

圖 4-351

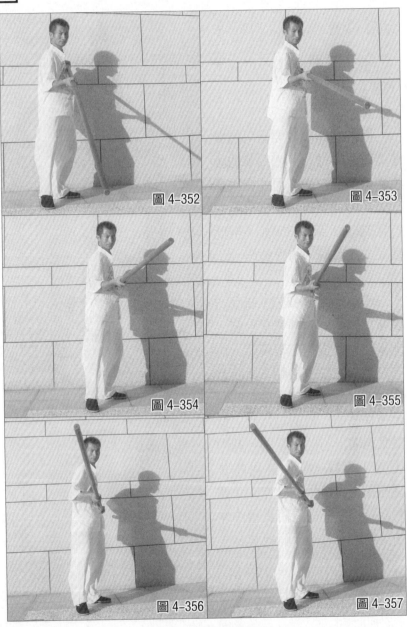

圖 4-352

圖 4-353

圖 4-354

圖 4-355

圖 4-356

圖 4-357

（圖 4-358～364）為我右側攤棍變化動作的另一個角度示範，即仍模擬當我的長棍是處在下側時，隨後再由下向左上方去快速移動，此時須沿一個極小的弧度而向左上方移

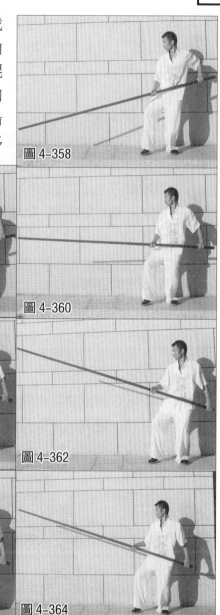

圖 4-358

圖 4-359

圖 4-360

圖 4-361

圖 4-362

圖 4-363

圖 4-364

動的，因為我們的目的是去擋擊來自右上方的攻擊。

其中（圖 4-358～360）是我將長棍向左上方移動的動作；（圖 4-361～364）則是將長棍由左側快速擋向右上方的示範動作。

（圖 4-365～374）為我右側攤棍動作的實戰運用示範，即仍類比我的長棍是處下側時，敵方揮棍向我頭部攻來，我立即將棍沿一個極小的弧度向上方快速移動，準確地擋擊敵方來自右上方的攻擊，在擋開敵方的長棍後，還須乘機向前方去快速反擊敵方。

其中（圖 4-365～368）是我將長棍向上方運行並去擋擊的動作；（圖 4-369、圖 4-370）是長棍去擋擊並再向下壓制敵方武器的動作；（圖 4-371～374）則是我快速向前方進步，用長棍閃電般攻擊敵方咽喉的動作示範。

【技術要點】

1. 我長棍的擋擊動作的幅度與弧度一定要小，動作要短、要快。

2. 我的長棍向右側擋擊或反壓敵方的武器時，動作一定要快捷、連貫。我持長棍向前方反擊敵方的喉部時的動作要準確、直接、有力。

圖 4-365　　　　圖 4-366

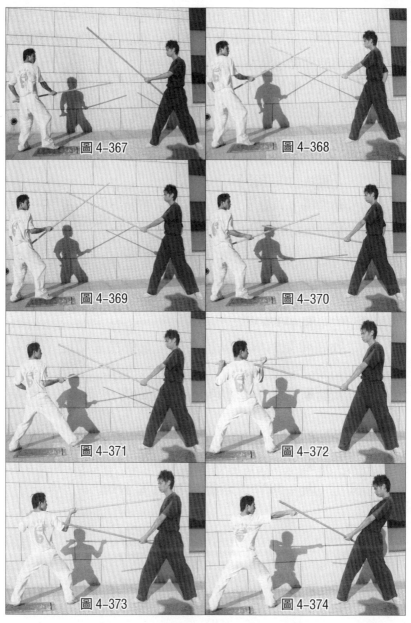

圖 4-367

圖 4-368

圖 4-369

圖 4-370

圖 4-371

圖 4-372

圖 4-373

圖 4-374

3. 我的所有動作可配合有呼吸進行，例如在向上方擋擊敵方的武器時可呼氣進行配合，以及在向前方直刺敵方的喉部時仍要呼氣進行配合。

4. 我在整個動作的過程中，重心一定要平穩。

5. 我的反應一定要快、動作要果斷。

(二)左側攤棍

【實戰動作要領】

練習時，以虛步站好，我右手在前握棍，左手在後握棍，棍頭在前約與眼睛或額部同高（圖4-375）；

我在步型不變的基礎上，右手將棍向左側擋出（圖4-376）；

我仍以左手為支撐點，而右手適當用力將長棍向左側擋出的（圖4-377）；

我在呼氣的同時，將長棍向左側快速擋出（圖4-378）；

我擋擊的動作不可過大，以免敵方乘虛而入（圖4-379）；

我的動作幅度要恰可擋開敵方的武器即可，如果幅度過大，則敵方可能會伺機攻入，對此我可將長棍擋至左前側即止（圖4-380）；至此便完成了整個的防護動作。

圖 4-375

圖 4-376

圖 4-377

圖 4-378

圖 4-379

圖 4-380

（圖4-381～389）為我左側攤棍動作的一種變化示範，也就是當你的長棍是處下側時，再由下側而向右上方快速移動，當然此時是沿一個極小的弧度而向右上方移動的，目的是將長棍再由右側去擋擊來自左上方的攻擊的。其中（圖4-381～384）是我將長棍向右上側移動的動作；（圖4-385～387）則是將長棍由右側擋向正前方的動作。而（圖4-388、圖4-389）則是將長棍由面前位置擋向左側的動作示範。

圖 4-381

圖 4-382

圖 4-383

圖 4-384

圖 4-385

圖 4-386

圖 4-387

圖 4-388

圖 4-389

（圖 4–390～398）為我左側攤棍動作的實戰運用示範，即仍模擬我的長棍是處下側時，敵方乘機揮棍向我的頭部攻來，我立即將長棍沿一個極小的弧度向上方移動，準確

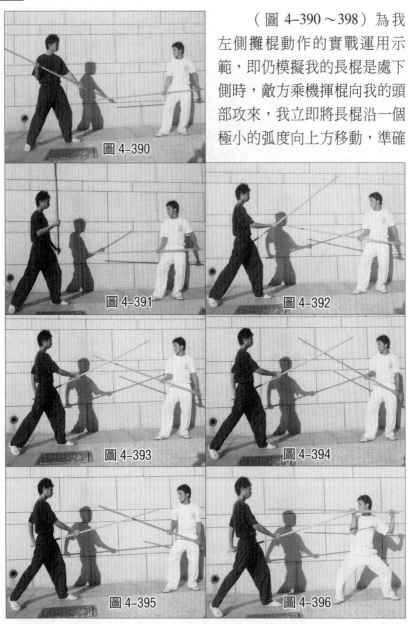

圖 4–390

圖 4–391

圖 4–392

圖 4–393

圖 4–394

圖 4–395

圖 4–396

圖 4-397　　　　　　　　圖 4-398

地擋擊敵方的來自左上方的攻擊，在擋開敵方的長棍後，還須乘機向前方衝過去快速反擊敵方。其中（圖 4-390～393）是我將長棍向上方運行並去擋擊的動作；（圖 4-394、4-395）是我用長棍擋擊並再向下壓制敵方武器的動作；（圖 4-396～398）則是我快速向前方進步，用長棍去敏捷與準確地攻擊敵方咽喉的動作。

　　（圖 4-399～403）為我左側攤棍動作實戰運用的另一個角度示範，即仍模擬我的長棍是處於下側時，敵方揮棍向我的頭部攻來，我立即將棍沿一個極小的弧度向上方移動，準確地擋擊敵方武器的攻擊，成攻擋開之後，還須略

圖 4-399　　　　　　　　圖 4-400

圖 4-401

圖 4-402

圖 4-403

為向下反壓敵棍，破壞其攻擊招法，接下來是直線反擊動作，也就是說在真正格鬥時，如何先有效地防範敵方攻擊才是致勝的關鍵。

【技術要點】

1. 我長棍向左側的擋擊動作，幅度與弧度一定要小，動作要短、要快、直接。

2. 我的長棍向左側擋擊或反壓敵方的武器時，動作一定要快捷、連貫。我持長棍向前方反擊敵方喉部的動作要準確、迅速、有力、果斷。

3. 我在整個動作過程中，重心一定要平穩。

4. 我的所有動作可配合呼吸進行，例如，在向上方擋擊敵方武器時呼氣，在向前方直刺敵方喉部或面部時仍要與呼氣配合。

六、膀　棍

膀棍同樣是一種高效的防護技術，主要用來防護攻向我上盤的動作，它與前面所介紹過的攤棍的區別是：攤棍用來進行防護時的時機是比較早的，例如當敵方武器的攻擊剛要發動時，或敵方的攻擊才至半途時，我就可用攤棍進行快速的外擋防禦；然而與攤棍所不同的是，膀棍通常是用於當敵方的武器快要接近我上盤時，我再速用膀棍進行防護的技術，可以這樣說，面對敵方的攻擊，我的攤棍是第一道防線，當我的攤棍未能率先破壞或攔截敵方攻擊時，就需要我適時運用膀棍進行有效防禦了。

所以，說在實踐中攤棍與膀棍是需要相互結合使用的。也正是由於它們的有效結合，才構成了詠春拳棍法中的完美的上盤防護體系。

【實戰動作要領】

練習時以虛步站好，我右手在前握棍，左手在後握棍，棍頭在前並約與眼睛或額部同高（圖4–404）；

我在步型不變的基礎上，右手將棍向下壓（圖4–405）；

圖4–404　　　　　　　　　　圖4–405

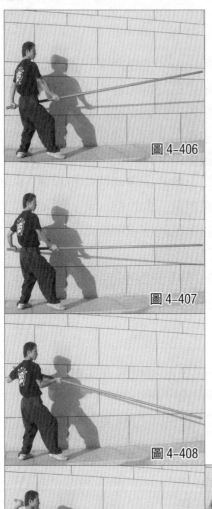

圖 4-406

圖 4-407

圖 4-408

我在右手將棍向下壓的同時，左手則將棍向上提起（圖4-406）；

我在左手將棍向上提起並進行格擋的同時，眼睛須始終盯緊前方（圖4-407）；

我在左手持棍向左上方格擋的同時，下肢的步型須穩固，以及雙手對長棍要控制良好（圖4-408）；

我是雙手持棍向左上方進行快速地格擋（圖4-409）；

我在雙手將棍向左上方擋出的同時，須與呼氣配合（圖4-410）；

圖 4-409

圖 4-410

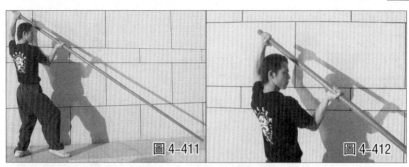

圖4-411　　圖4-412

我雙手將棍擋向頭部的左前側，防禦對我頭部左側的攻擊（圖4-411）；而（圖4-412）則是我將長棍擋向頭面部的左前側時的近距離示範動作，至此便完成了整個的防護動作。

（圖4-413～423）為我進行膀棍防禦時的另一個角度示範，即當敵方的武器快要接

圖4-413

圖4-414

圖4-415

圖 4-416

圖 4-417

圖 4-418

圖 4-419

圖 4-420

圖 4-421

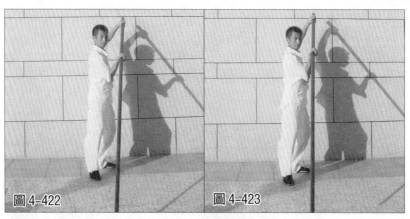

圖 4-422　　　　　　　　　圖 4-423

近我上盤時，我迅速將棍擋向頭面部的左前側位置，進行
嚴密的防護，在做格擋動作的過程中，重心要穩固，保證
上肢能夠高質量地完成防護頭部的動作。

　　（圖 4-424～434）為我進
行膀棍防禦時的側面示範動
作，即當敵方將武器攻向我上
盤時，我迅速將棍擋向頭部左
前側的防護動作，此時我的動
作一定要果斷與快捷。

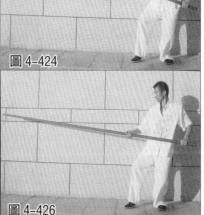

圖 4-424

圖 4-425

圖 4-426

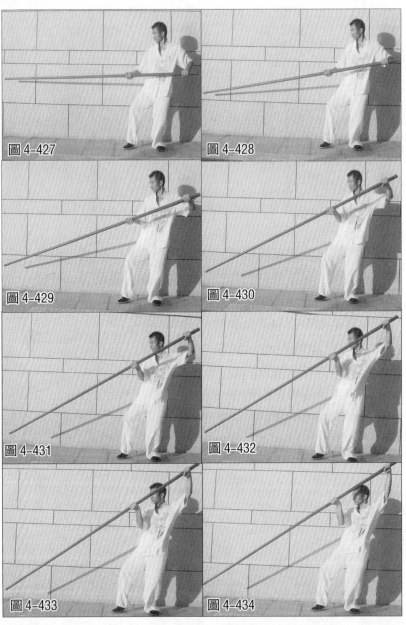

圖 4-427

圖 4-428

圖 4-429

圖 4-430

圖 4-431

圖 4-432

圖 4-433

圖 4-434

（4–435～441）為我用膀棍進行防禦頭部時的實戰示範動作，即當敵方將其長棍向我上盤攻來時，我迅速將棍擋向頭部左前側的防護動作。其中（圖 4–435～439）是我快速

圖 4–435

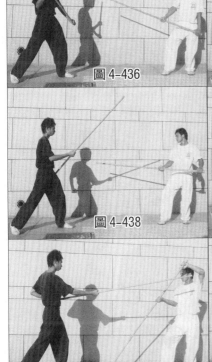

圖 4–436

圖 4–437

圖 4–438

圖 4 439

圖 4–440

圖 4–441

圖 4-442

將長棍向左上方提起的動作；
（圖 4-440～441）則是我用
長棍去主動迎擊敵方武器的動
作，謹記是去主動擋擊，而不
是去被動承受。

　　（圖 4-442～446）為我用
膀棍來防禦頭部時的另一個角
度示範動作，即當敵方將棍向

圖 4-443

圖 4-444

圖 4-445

圖 4-446

我上盤攻來時，我迅速將棍擋向頭部左前側的防護動作。（圖4-447）是我快速將長棍向左上方提起並擋住敵方長棍時的近距離示範動作。

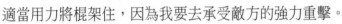

圖4-447

【技術要點】

1. 我在整個動作過程中，重心一定要平穩。

2. 我長棍向上方的擋擊動作一定要快、要及時，雙手須適當用力將棍架住，因為我要去承受敵方的強力重擊。

3. 我的格擋動作可配合呼吸進行，即當我將長棍向左上方擋出時須呼氣，在動作回收時則吸氣。

七、撥　棍

這是一種用來有效地防護下盤被敵方攻擊時的棍法，因為前面所講解的防衛形技術大多是用來格擋敵方對我的上盤或是中盤的攻擊動作。然而，當敵方持武器突然攻向我的下盤時，我又該如何去應對呢？這就是撥棍的使用契機，當然這仍是一種輕快地弧線型防護技術，主要是由中線處而向右下側或是向左下側進行快速撥防的動作，用來有效地化解敵方的低位攻擊動作。

正是撥棍這種低位防護技術與前面所講述過的各種高位防護技術完美的結合在一起，才構成了詠春拳整個棍法體系中的立體式防禦系統。

根據實際運用的情形不同，撥棍又可分為由中線處向

右下側的防禦動作和由中線處向左下側的防禦動作兩種類型，現在分別詳細講解如下。

(一)左側撥棍

【實戰動作要領】

練習時以虛步站好，我右手在前，左手在後握棍，棍頭在前並約與眼睛或額部同高（圖 4-448）；

我在下盤站立穩固的基礎上，右手將棍頭向前下方下壓（圖 4-449）；

我以左手為支點，右手以較快地速度將棍頭向前下方下壓的（圖 4-450）；

我邊將棍頭向前下方壓，邊同時將棍前端向左下側擋出（圖 4-451）；

我雙手繼續將棍向左下側擋出（圖 4-452）；

我的長棍向左下方擋擊時是沿一個極小的弧度進行的，用以保證擋擊的速度（圖 4-453）；

我在將長棍向左下方快速擋出時，須與呼氣配合（圖 4-454）；

我雙手適當用力將長棍擋至定位，用來用效地破壞或擋開敵方的攻擊（圖 4-455）；至此便完成了整個防禦動作。

（圖 4-456、4-457）為我用撥棍進行格擋與防禦時的正面示範動作，我的擋擊動作仍須快捷、穩固。

圖 4-448

圖 4-449

圖 4-450

圖 4-451

圖 4-452

圖 4-453

圖 4-454　　　　　圖 4-455

圖 4-456　　　　　圖 4-457

圖 4-458

（圖 4-458～464）為我撥棍的一個簡化了的示範動作，即我的長棍不事先由上向下落，然後再去向左下側進行擋擊，而是將長棍直接由左下側向左側去進行快速的格擋與防禦敵方攻擊的動作。

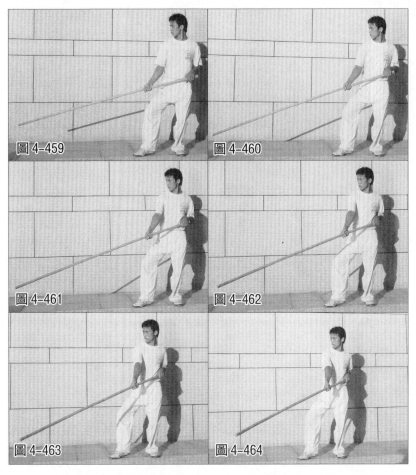

　　（圖4-465～470）為撥棍動作的實戰運用示範動作，也就是當敵方將武器攻向我下盤時，我快速將長棍擋向左下側的動作，用來有效地化解敵方的低位攻擊動作。其中（圖4-465～467）是我開始將長棍擋向左下側；（圖4-468、4-469）是我的長棍接觸敵方武器時的動作。（圖4-470）是我不但要有效地格擋敵方的武器，而且還要順勢向

圖 4-465　　　　　　　　圖 4-466

圖 4-467　　　　　　　　圖 4-468

圖 4-469　　　　　　　　圖 4-470

左側撥擋敵方的武器，從而為進一步反擊敵方創造良好的
條件。

　　（圖 4-471～482）為撥棍動作的另一個角度的實戰運
用示範動作，敵方仍用長棍攻向我下盤時，我快速將長棍
擋向左下側，用來有效地化解敵方的低位攻擊動作，然後
再將長棍貼住敵方的棍而快速向上攻擊敵方的右手，給予

圖 4-471

圖 4-472

圖 4-473

圖 4-474

圖 4-475

圖 4-476

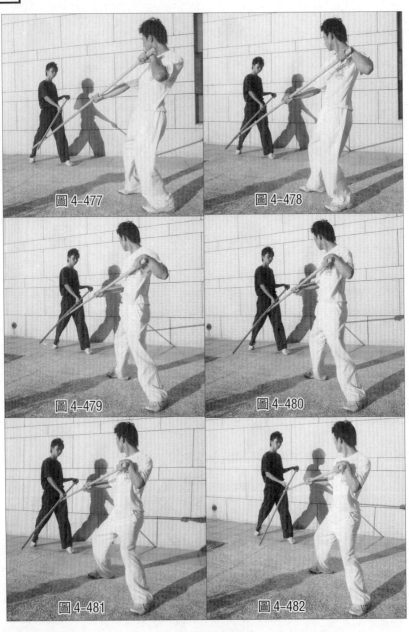

圖 4-477　　　　　　　圖 4-478

圖 4-479　　　　　　　圖 4-480

圖 4-481　　　　　　　圖 4-482

意想不到的突然打擊。其中（圖 4-471～475）是我開始將長棍擋向左下側去進行積極防禦的動作；（圖 4-476～478）是我的長棍接觸敵方的武器，並要用瞬間發力將敵方武器順勢擋向左側，從而為進一步反擊敵方創造良好的條件。（圖 4-479～482）是我的長棍貼住敵方的棍而迅

圖 4-483

速向上攻擊敵方右手的示範動作，即從敵方意料不到的角度給予其巧妙地突然打擊。（圖 4-483）則是我用長棍貼住敵方的棍而向上攻擊敵手時的近距離示範動作。

【技術要點】

1. 我長棍的整個運行動作要輕靈、快捷，不可用僵力。特別是向左下方擋擊時，動作的幅度與弧度一定要小，用來節省運行時間。

2. 我在整個動作過程中，重心一定要平穩。

3. 我的所有動作可配合呼吸進行，例如在向下擋擊敵方武器瞬間可呼氣配合。

（二）右側撥棍

【實戰動作要領】

練習時以虛步站好，我右手在前握棍，左手在後握棍，棍頭在前並約與眼睛或額部同高（圖 4-484）；

圖 4-484　　　　　　　　　圖 4-485

圖 4-486　　　　　　　　　圖 4-487

　　　我在下盤站立穩固的基礎上，右手將棍頭向前下方下壓（圖 4-485）；

　　　我以左手為支點，右手以較快地速度將棍頭向前下方下壓（圖 4-486）；

　　　我邊將棍頭向前下方壓，邊同時將棍前端向右下側擋出（圖 4-487）；

　　　我雙手繼續將長棍向右下側敏捷地擋出（圖 4-488）；

圖 4-488　　　　　　　圖 4-489

圖 4-490　　　　　　　圖 4-491

　　我的長棍向右下方擋擊時是沿一個極小的弧度進行的
（圖 4-489）；

　　在將長棍向右下方快速擋出時，須與呼氣配合（圖 4-490）；

　　我雙手適當用力將長棍擋至右下方定位，用效地破壞
敵方的攻擊（圖 4-491）；至此便完成了整個防禦動作。

圖 4-492

圖 4-493

圖 4-494

圖 4-495

圖 4-496

（圖 4-492～496）為我右側撥棍的一個簡化了的示範動作，即當我的長棍本身就是處於下側時，速將長棍由下側直接擋向右下側，去有效地攔截敵方對我下盤的攻擊。

（圖 4-497～500）為我撥棍動作的另一個角度示範，當然也是簡化了的示範動作，

即我的長棍是直接由前下側擋向右側，進行快速地格擋與防禦，有效地消解敵方的攻擊動作。

【技術要點】

1. 我在整個動作過程中，重心一定要平穩。

2. 我長棍的整個運行動作要輕靈、快捷，不可用僵力。特別是向右下方移動時，動作的幅度與弧度一定要小，用來節省運行時間。

3. 我的長棍之發力要短脆。

圖 4-497　　圖 4-498　　圖 4-499　　圖 4-500

4. 我的所有動作可配合呼吸進行，例如在向右下側擋擊時呼氣。

八、掃　棍

這是一種攻擊型棍法，主要從側面快速打擊敵方頭部側面或身體側面等要害處，當然它不是大幅度地去攻擊，而是以精簡、直接的動作去快速掃擊。事實上它是一種輔助型的攻擊技術，因為主要的攻擊技術仍是直線地向前方直刺類攻擊技巧。

根據實際運用的情形不同，掃棍又可分為攻擊敵方上盤和中盤的動作與攻擊敵方下盤的動作等多種形式，現在分別詳細講解如下：

(一)高位與中位掃棍

【實戰動作要領】

練習時以虛步站好，我右手在前握棍，左手在後握棍，棍頭在右前側位置，其高度約與眼睛同高（圖4–501）；

我在步型不變的基礎上，以左手為支撐點，右手用力將棍向面前位置攻出（圖4–502）；

我是在呼氣的同時，將長棍向前方快速攻出的（圖4–503）；

我的攻擊動作須快捷、流暢（圖4–504）；

我是沿一個簡捷的路線而閃電般攻出的，目標是去打擊敵方的頭部側面或身體等要害處（圖4–505）；至此完成了整個攻擊動作。

（圖4–506～511）為我的掃棍動作的實戰運用示範，

圖 4-501　　圖 4-502

圖 4-503　　圖 4-504

圖 4-505　　圖 4-506

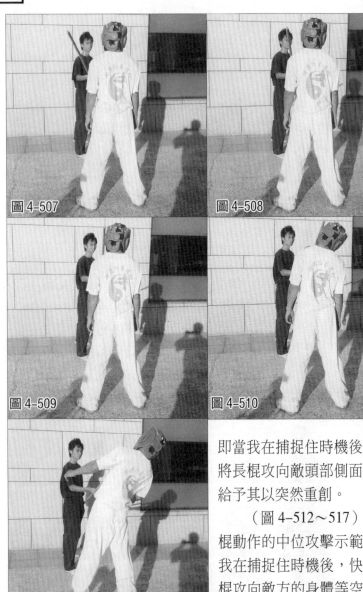

圖 4-507

圖 4-508

圖 4-509

圖 4-510

圖 4-511

即當我在捕捉住時機後須快速
將長棍攻向敵頭部側面空檔，
給予其以突然重創。

　　（圖 4-512～517）為我掃
棍動作的中位攻擊示範，即當
我在捕捉住時機後，快速將長
棍攻向敵方的身體等空襠處，
給予其有效地突然重擊。

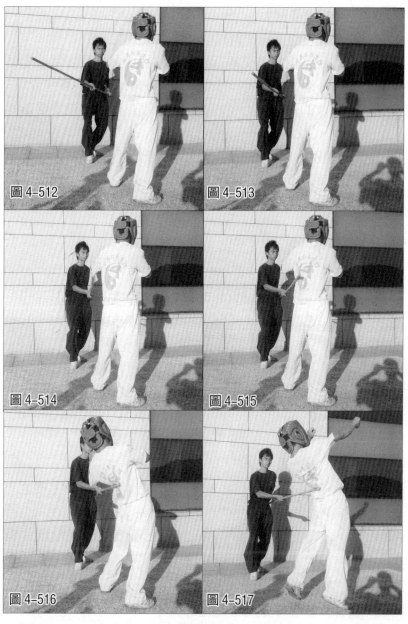

圖 4–512　　　　　　　　　　圖 4–513

圖 4–514　　　　　　　　　　圖 4–515

圖 4–516　　　　　　　　　　圖 4–517

【技術要點】

1. 我在整個動作過程中，重心一定要平穩。

2. 我長棍的整個運行動作要快捷，動作幅度與弧度要盡量小，用來節省運行時間與最大限度地提升攻擊速度。

3. 我的長棍發力要短脆，用瞬間爆炸力突然重擊敵要害部位。

4. 我的所有動作可配合呼吸進行，即每當將長棍擊中敵方的瞬間便須與呼氣配合。

圖 4–518

圖 4–519

(二)低位掃棍

【實戰動作要領】

練習時以虛步站好，我右手在前握棍，左手在後握棍，棍頭位於右下側，準備向正前方發起攻擊（圖 4–518）；

我在步型不變的基礎上，以左手為支撐點，右手用力將棍向正前方的位置攻出（圖 4–519）；

在呼氣的同時，將長棍果斷向前方攻出（圖4-520）；

圖4-520

我是由一個簡捷的路線快速攻向敵方下肢的（圖4-521）；

圖4-521

我是用瞬間爆炸力去突然打擊敵方的膝關節等要害處（圖4-522）；至此便完成了整個攻擊動作。

圖4-522

（圖4-523～528）為我用掃棍去快速攻擊敵方下盤時的示範動作，即將長棍快速攻向敵方的膝關節空襠處，給予其意想不到的有效重擊。

【技術要點】

1. 我在整個動作過程中，重心一定要平穩。

2. 我長棍的整個運行動作要快捷，動作幅度與弧度要儘量小，用來節省運行時間與最大限度地提升攻擊速度。

3. 我的長棍發力要短脆，要用瞬間爆炸力突然重擊敵要害處。

4. 我的所有動作可配合呼吸進行，即每當將長棍擊中敵方的瞬間須呼氣配合。

（註：實戰中的基本棍法遠不止上述幾種，這裏是綜合了數個流派的實用技術於一體，目的是儘量翔實地介紹棍法的基本實戰技術，爲大家打開一扇走向武學殿堂的大門）。

圖4-523　　圖4-524

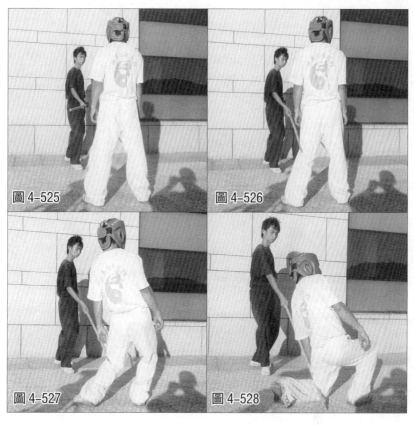

圖 4-525

圖 4-526

圖 4-527

圖 4-528

詠春拳訓練指導

最近，有很多讀者來信諮詢一些有關詠春拳訓練方面的問題，現集中整理並與大家共同探討如下。

一、詠春拳以直線攻擊爲核心

很多詠春拳愛好者在練習了一段時間後，都會嘗試將其運用到實踐中去。在具體實踐時，特別應注意的是，要始終貫穿「攻守搶中線」的原則去格鬥，特別是在發起攻擊時，須始終牢記去適時運用直線型的攻擊動作，用來縮短攻擊的時間與提高攻擊的命中率。

如果不是以直線型的攻擊動作做為主體，那麼必定會偏離了詠春拳的主旨。因為在傳統武術中也只有詠春拳更加提倡直線型攻擊動作的有效運用，因為它更加注重的是實戰的效率。

二、快捷的步法移動將決定勝負

在很多人的印象中傳統武術的步法通常是比較呆滯的，事實上這也正是傳統武術與散打等現代武術的最明顯的區別點之一。

但恰恰就有一種傳統武術較為注重步法的靈活運用與高效發揮，那就是向來以實戰著稱的詠春拳。

當然，如果單單以步法的靈活性來比較的話，可能它的步法的確沒有散打、西洋拳擊的步法靈活。但詠春拳的步法是詠春拳整體格鬥體系的一個重要組成部分，換言之其步法也只有有效地去結合詠春拳整體的格鬥技術才能充分發揮出其應有的效能。況且隨著詠春拳世界化進程的加快，它也早在其格鬥體系中做了較大的改進，其中在步法

的訓練手段上便已融入了現代的元素。

　　詠春拳最大的技擊優勢除了它的拳法密集與快捷外，便是其步法的快速與敏捷了。

　　要知道詠春拳是一種以速度見長的格鬥體系，而要想發揮快捷的攻擊速度去突擊對手，就離不開步法的有效配合，正所謂「步不快，則拳慢」，詠春拳正是將其「密集的爆炸式重拳」與其「閃電般的步法」進行了完美的結合，才構築起了其完整的格鬥系統。

　　正因為如此，廣大讀者們雖然是在看書自修，但只要能準確地把握詠春拳的訓練要點，是完全可以自學成功的。而你要想在實戰中克敵制勝，就必須要苦練步法，這是由詠春拳的性質和真實格鬥的實際需要所決定了的。

三、如何克服出拳時肘部疼痛的困擾

　　有不少詠春拳練習者反映在練習直線沖拳時，很容易導致肘關節疼痛。出現這種現象的原因主要有兩個：

　　第一是跟出拳打擊時要求伸直肘部有關；

　　第二是初學者往往出拳的力度過大而導致，特別是進行空拳練習時往往是用力過大或過猛。

　　對此，初學者在練習直線沖拳時，力度要由小到大，由弱到強，要給自己的肢體一個逐步適應的過程，而不要在一開始練習時便全力去重擊，而是隨著練習時間的逐步增長再慢慢的增加打擊的力度，訓練結束後還要再活動一下胳膊用來放鬆肌肉與關節。

四、合理安排每天的訓練時間

許多人都會問，每天練習多長時間為宜呢？其實每個人的體質狀況與接受能力是不同的，例如本身體質就比較好的人，可以天天堅持進行訓練，但本身體質就略差的人則可以每隔一天練習一次，這樣在持續一段時間後，等自己的身體狀況逐步變強後，再改為天天練習，而不要去刻意強求。

即便是天天進行練習的人，具體的練習量也是因人而異的。如體質好的人每天可以練習 2 個小時左右，而體質略差的人每天可僅練 1 個小時，然後再慢慢過渡到每天可練習 80 分鐘，再進一步增加到每天練習 100 分鐘或是 120 分鐘，在具體操作時一定要量力而行與循序漸進，不可急於求成。

五、必須加強功力訓練

初學者最易忽視的便是功力的練習，可能因為功力的訓練略為枯燥與辛苦些。但要知道「一力降十會」，如果沒有堅實的功力作為技擊的後盾，那麼，再好的技術也無法得以有效地發揮。

而且就算是已學有所成者，也需要進行有關功力的訓練，因為除非你絕不跟人交手或交流，否則一交手便會勝負立分，因為格鬥是極為現實的，來不得半點虛假。所以，無論是有關拳頭的硬度訓練還是掌功的破壞力訓練，以及腿功的攻擊力訓練和木人樁的強化訓練等等，都是不可缺少的。

有關具體的功力訓練體系與方法也早已在前面的第3、4本詠春拳著述中講解過了，讀者可自己去參考。

六、加強內在修養，多看有關力學與哲學原理的書

　　習武者要想學有所成或最終邁進武術的殿堂，除了苦練格鬥技術與進行必要的功力訓練外，還必須加強內在的修養。要多看一些有關中國傳統文化方面的書，如兵法與中醫理論等；另外，還要多研究一些有關力學與哲學原理方面的知識，並嘗試將這些知識能與自己的技術結合起來。不進行這些方面的內在的修養與修煉，是難以達至大成境界的。

看到詠春拳在國內越來越流行，特別是有越來越多的年輕人關注與練習詠春拳，筆者對此深感欣慰。以前很多人都認為詠春拳是一種廣東拳術或僅是一種南方拳術，但現在反而在北方更加流行，看來人們已充分認識到了詠春拳的突出實用價值與深厚的哲理內涵。

可以預見，詠春拳不但在海外是與少林拳、太極拳齊名的三大盛行拳術之一，即便在國內它也將會得到良好的普及與推廣，因為其深厚的內涵與獨特的技擊原理已經得到更高程度的認可。

事實上，人們在練習了多年的大開大合的「舞術」後，已開始尋找武術中的「本質的」與「內在的」東西，在這個前提下，有很多習武者開始關注與練習詠春拳並不意外，而是水到渠成。

筆者在連續推出了 4 本詠春拳專著後，得到了廣大武術愛好者們的大力支持與熱切的鼓勵，其實我的本來目的就是想拋磚引玉，想為傳統文化的發展以及想為國術的宏揚盡微薄之力。

至於本書的內容則主要是對前面幾本書所講述內容的

一種提煉，同時也算是一個總結，更可使讀者對以前所學內容加以鞏固，並為讀者們以後學習更高深的內容與技術打下堅實的基礎。

以後，筆者會陸續將完整的六點半棍法、詠春拳腿功的專門訓練法以及八斬刀法整理出來，用來豐富廣大讀者們本身的武學體系與加深對傳統武學的理解。

本書的動作示範照片由楊仲明教練、吳強教練、羅雄哲教練、孟星教練等共同配合示範，在此一併致謝。

作者通信地址：廣東省珠海市拱北郵政信箱 208 號
　　郵編：519020
作者聯絡電話：13232266188（僅接收短信）
作者郵箱：weijkd@tom.com weifengd@gmail.com
　　（歡迎使用電子郵箱進行聯絡）

導引養生功

張廣德養生著作　每冊定價350元

1 疏筋壯骨功+VCD
定價350元

2 導引保健功+VCD
定價350元

3 頤身九段錦+VCD
定價350元

4 九九還童功+VCD
定價350元

5 舒心平血功+VCD
定價

6 益氣養肺功+VCD
定價350元

7 養生太極扇+VCD
定價350元

8 養生太極棒+VCD
定價350元

9 導引養生形體詩韻+VCD
定價350元

10 四十九式經絡動功+VCD
定價

輕鬆學武術

1 二十四式太極拳+VCD
定價250元

2 四十二式太極拳+VCD
定價250元

3 八式十六式太極拳+VCD
定價250元

4 三十二式太極劍+VCD
定價250元

5 四十二式太極劍+VCD
定價

6 二十八式木蘭拳+VCD
定價250元

7 三十八式木蘭扇+VCD
定價250元

8 四十八式太極劍+VCD
定價250元

太極跤

1 太極防身術
定價300元

2 擒拿術
定價280元

3 中國式摔角
定價350元

彩色圖解太極武術

1 太極功夫扇

定價220元

2 武當太極劍49式

定價220元

3 楊式太極劍56式

定價220元

4 楊式太極刀

定價220元

5 二十四式太極拳+VCD

定價350元

6 三十二式太極劍+VCD

定價350元

7 四十二式太極劍+VCD

定價350元

8 四十二式太極拳+VCD

定價350元

9 楊式十六式太極劍

定價350元

10 楊氏二十八式太極拳+VCD

定價350元

11 楊式太極拳四十式+VCD

定價350元

12 陳式太極拳五十六式+VCD

定價350元

13 吳式太極拳五十六式+VCD

定價350元

14 精簡陳式太極拳八式十六式

定價220元

15 精簡吳式太極拳三十六式 拳架‧推手

定價220元

16 夕陽美功夫扇

定價220元

17 綜合四十八式太極拳+VCD

定價350元

18 三十二式太極拳 四段

定價220元

19 楊式三十七式太極拳+VCD

定價350元

20 楊氏五十一式太極劍+VCD

定價350元

21 嫡傳楊家太極拳精練二十八式

定價220元

22 嫡傳楊家太極劍五十一式

定價220元

23 嫡傳楊家太極刀十三式

定價220元

老拳譜新編

1 吳鑑泉氏的太極拳

定價180元

2 太極拳全書
定價280元

3 拳經

定價200元

4 新太極拳書

定價180元

5 新太極劍書

定價180元

6 太極拳圖說 太極劍圖說

定價200元

武學釋典

1 顧留馨太極拳研究

定價380元

2 太極密碼 中國太極拳百題解
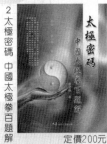
定價200元

3 太極拳今論

定價200元

4 意拳正軌

定價330元

運動精進叢書

1 怎樣跑得快
定價200元

2 怎樣投得遠
定價180元

3 怎樣跳得遠
定價180元

4 怎樣跳的高
定價180元

5 高爾夫揮桿原理
定價220元

6 網球技巧圖解
定價220元

7 排球技巧圖解
定價230元

8 沙灘排球技巧圖解
定價230元

9 撞球技巧圖解
定價230元

10 籃球技巧圖解
定價220元

11 足球技巧圖解
定價230元

12 羽毛球技巧圖解
定價220元

13 乒乓球技巧圖解
定價220元

14 曲線球與飛碟球
定價300元

15 街頭花式籃球
定價280元

16 精彩高爾夫
定價330元

17 巴西青少年足球訓練方法
定價230元

18 籃球個人技術全圖解+VCD
定價300元

19 門球（槌球）入門與提升180問
定價230元

20 美國青少年籃球訓練方式250例
定價280元

21 單板滑雪技巧圖解+VCD
定價350元

22 籃球教學訓練遊戲
定價280元

23 羽毛球技．戰術訓練與運用
定價280元

24 網球入門
定價250元

25 網球技戰術教程
定價220元

健康加油站

糖尿病 預防與治療
定價200元

2 胃部機能與強健

胃部
定價180元

3 不孕症治療

不孕症治療
定價200元

4 簡易醫學急救法

簡易醫學急救法
定價200元

5 肥胖健康診療

肥胖 健康診療
定價200元

6 肝功能健康診療

肝功能 健康診療
定價200元

高血壓 預防與治療

高血壓 健康診療
定價200元

8 高血糖值健康診療
高血糖值 健康診療
定價200元

9 尿酸值健康診療
尿酸值 健康診療
定價200元

10 膽固醇中性脂肪健康診療
膽固醇中性脂肪 健康診療
定價200元

11 痛風劇痛消除法
痛風 劇痛消除法
定價180元

12 三溫暖健康法
三溫暖 健康法
定價180元

手腳病理按摩
定價180元

14 B型肝炎預防與治療
B型肝炎 預防與治療
定價180元

15 吃得更漂亮、健康
吃得更漂亮、健康
定價180元

16 茶使您更健康
茶 使您更健康
定價180元

17 圖解常見疾病運動療法
圖解常見疾病運動療法
定價180元

18 科學健身改變亞健康
科學健身改變亞健康
定價180元

簡易 病自療保健
定價220元

20 王朝秘藥媚酒
王朝秘藥媚酒
定價180元

21 立見實效保健操
立見實效 保健操
定價180元

22 越吃越幸福
越吃越幸福
定價200元

23 荷爾蒙與健康
荷爾蒙與健康
定價180元

24 越吃越長壽
越吃越 長壽
定價200元

我保健鍛鍊
定價180元

26 斷食促進健康
斷食促進健康
定價180元

27 蔬菜健康法
蔬菜健康法 Vegetable
定價200元

28 水果健康法
水果健康法 Fruit
定價200元

29 越吃越苗條
越吃越 苗條
定價200元

30 越吃越聰明
越吃越聰明 EAT & SMART
定價200元

方位健康草
定價200元

32 人體記憶地圖
人體記憶地圖
定價350元

33 提升免疫力戰勝癌症
提升免疫力戰勝癌症 CANCER
定價280元

34 腎臟病預防與治療
腎臟病 預防與治療
定價230元

35 怎樣配吃最健康
怎樣配吃最健康
定價200元

36 心臟病腦中風預防與治療
心臟病腦中風 預防與治療
定價180元

科學養生細節
定價350元

38 由人相診斷健康
由人相診斷健康
定價180元

39 青春期智慧
青春期智慧
定價200元

40 前列腺健康診療
前列腺健康診療
定價200元

41 下半身鍛鍊法
下半身鍛鍊法
定價180元

42 四高健康診療
四高健康診療
定價300元

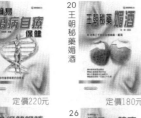

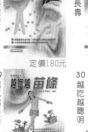

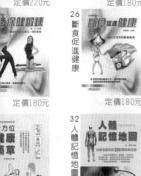

健康加油站

43 中醫名家養生祕方
中華名家 養生祕方
定價180元

44 健康長壽 擁有更豐富的人生
健康 長壽 擁有更豐富的人生
定價200元

武術武道技術

1 日本合氣道 健身與修養
日本合氣道 健身與修養
定價230元

2 現代跆拳道運動教學與訓練
現代跆拳道 教學與訓練
定價500元

3 泰拳基礎訓練讀本
泰拳 基礎訓練讀本
定價330元

4 泰拳實戰攻防技術
泰拳 實戰攻防技術
定價280元

5 李小龍腿功教室
李小龍腿功教室 88
定價280元

6 跟專家練跆拳道
跆拳道
定價220

截拳道入門

1 截拳道手擊技法
截拳道 手擊技法
定價230元

2 截拳道腳踢技法
截拳道 腳踢技法
定價230元

3 截拳道擒跌技法
截拳道 擒跌技法
定價230元

4 截拳道攻防技法
截拳道 攻防技法
定價230元

5 截拳道連環技法
截拳道 連環技法
定價230元

6 截拳道功夫匯宗
截拳道 功夫匯宗
定價230

體育教材

1 籃球運動教程＋VCD
籃球 運動教程
定價550元

2 游泳運動教程
游泳 運動教程
定價400元

3 板球基礎教程
板球 基礎教程
定價400元

4 街舞運動教程
街舞 運動教程
定價280元

5 排球運動教程
排球 運動教程
定價450元

11 體育康復學
體育 康復學
定價350元

快樂健美站

力健身球
定價280元

2 自行車健康享瘦

自行車健康享瘦
定價280元

3 跑步鍛鍊走路減肥

定價280元

4 創造健康的肌力訓練

創造健康的肌力訓練
定價220元

5 舒適超級伸展體操

超級伸展體操
定價280元

6 水中有氧運動

水中有氧運動
定價280元

完美身材
定價280元

8 創造超級兒童

創造超級兒童
SUPER KIDS
定價280元

9 使頭腦變聰明

簡單訓練頭腦聰明
SMART
定價280元

10 防止老化的身體改造訓練

防止老化
定價280元

11 三個月塑身計畫

3個月塑身計畫
定價280元

12 懶人族瑜伽

懶人族瑜伽
定價280元

瑜伽
定價240元

14 忙裡偷閒練瑜伽祛病養生篇

瑜伽
定價240元

15 健身跑激發身體的潛能

健身跑
定價200元

16 中華鐵球健身操

中華鐵球健身操
定價180元

17 彼拉提斯健身寶典

彼拉提斯健身寶典
pilates
定價280元

18 全身保健操＋VCD

全身保健操
定價280元

瑜伽塑美容
定價180元

20 豐胸做自信女人

豐胸做自信女人
定價200元

21 輕鬆瑜伽治百病

easy yoga
輕鬆瑜伽治百病
定價280元

22 瑜伽秀體小品

瑜伽秀體小品・Yoga
定價280元

23 熱舞瘦身小品

Hot Dance
熱舞瘦身小品
Getting Slim
定價280元

24 整形打造美麗

整形打造美麗
Beauty
定價250元

排毒頻譜33式熱瑜伽
Yoga
定價350元

26 太極操＋DVD

太極操
定價350元

國家圖書館出版品預行編目資料

詠春拳秘傳狠招集粹／魏 峰 編著
－初版－臺北市，大展，2009 [民 98.12]
面；21 公分－（實用武術技擊；21）
ISBN 978-957-468-719-0 （平裝）

1. 拳術 2. 中國

528.972 98018586

詠春拳秘傳狠招集粹

編 著／魏 峰
責任編輯／葉 萊
發 行 人／蔡 森 明
出 版 者／大展出版社有限公司
社 址／台北市北投區（石牌）致遠一路2段12巷1號
電 話／(02) 28236031・28236033・28233123
傳 真／(02) 28272069
郵政劃撥／01669551
網 址／www.dah-jaan.com.tw
E-mail／service@dah-jaan.com.tw
登 記 證／局版臺業字第2171號
承 印 者／傳興印刷有限公司
裝 訂／建鑫裝訂有限公司
排 版 者／弘益電腦排版有限公司
授 權 者／北京體育大學出版社
初版1刷／2009年（民 98年）12月
初版2刷／2011年（民100年）4月　　　　　定價／350元

大展好書　好書大展
品嘗好書　冠群可期